W0177626

Russell Stannard ist ein international anerkannter Professor für Physik an der englischen Universität in Milton Keynes. Als er auf dem Gebiet der Kernphysik forschte, reiste er zu verschiedenen Universitäten in ganz Europa und den Vereinigten Staaten. Er sagt: »Meine Bücher sollen jungen Lesern die wichtigsten Dinge nahe bringen – Einsteins Relativitätstheorie und den Sinn des Lebens. Gleichzeitig versuche ich zu unterhalten.«

Russell Stannard ist verheiratet und hat sieben Kinder – vier eigene und drei, die er und seine Frau adoptiert haben.

In der Reihe Fischer Schatzinsel sind von Russell Stannard bisher ›Durch Raum und Zeit mit Onkel Albert‹ (Band 80015), ›Onkel Albert und der Urknall‹ (Band 80055), ›Onkel Albert und die kleinsten Teilchen‹ (Band 80104), ›Hallo Sam, hier bin ich‹ (Band 80056) und ›Der Besuch aus Anderswo‹ (Band 85012, Hardcover) erschienen.

Fragen an Onkel Albert. Seit dem großen Erfolg der ›Onkel Albert‹-Bücher wird Russell Stannard von Kindern aus aller
Welt mit Fragen bombardiert. Wie ist die Sonne entstanden?
Warum sehen wir unseren Müttern ähnlich? Wie viele Außerirdische gibt es im Weltall? Wohin verschwinden die Gedanken? Warum träumen wir? Warum hat der Saturn Ringe?
Und er weiß auf alles eine Antwort …

»Faszinierend, diese Zusammenstellung. Die richtige Mischung aus wissenschaftlichen und philosophischen Fragen.
Eine wunderbare Ergänzung der ›Onkel Albert‹-Bücher.«

The Bookseller

Russell Stannard

Fragen an Onkel Albert
Und Antworten
von Russell Stannard

Aus dem Englischen von
Ulli und Herbert Günther

Fischer Taschenbuch Verlag

Fischer Schatzinsel
Herausgegeben von Markus Niesen

Veröffentlicht im Fischer Taschenbuch Verlag GmbH,
Frankfurt am Main, April 1998

Die englischen Originalausgaben erschienen 1996
unter dem Titel ›Letters to Uncle Albert‹
und 1997 ›More Letters to Uncle Albert‹
bei Faber and Faber Ltd., London
© by Russell Stannard 1996
Für die deutschsprachige Ausgabe:
© Fischer Taschenbuch Verlag GmbH, Frankfurt am Main 1998
Gesamtherstellung: Clausen & Bosse, Leck
Printed in Germany
ISBN 3-596-80254-7

Nach den Regeln der neuen Rechtschreibung

Inhalt

Dank

Allen Kindern, die uns geschrieben und Fragen gestellt haben, herzlichen Dank von Onkel Albert und mir.

Besonders danke ich den Schülerinnen und Schülern der Barlby Primary School, London, der Churchill Gardens School, London, der St. Peter's School, Earley, Reading, der Harnham Junior School, Salisbury, der Moira House School, Eastbourne, und der Newlands Pre-Prep School, Eastbourne, dass sie mich mit Fragen versorgt und mir Gelegenheit gegeben haben, mich mit meinen Antworten daran zu versuchen.

Und, wie immer, danke ich meiner Frau Maggi. Sie hat mir geholfen, die Zeichnungen der Kinder zu ordnen und hat sich jedes Mal mit mir gefreut, wenn ich zu ihr kam, mit einem neuen Brief wedelte und rief: »He, hör dir den mal an!«

Vorwort

Als ich anfing, die ›Onkel Albert‹-Bücher zu schreiben, um jungen Menschen die Theorien von Albert Einstein zu erklären, bekam ich zu meiner Überraschung Briefe von Lesern – die meisten direkt an Onkel Albert adressiert.

In vielen Briefen standen Fragen. Sie betrafen fast alles, was es unter der Sonne gibt – naturwissenschaftliche und nicht naturwissenschaftliche Themen gleichermaßen. Dieses kleine Buch enthält eine erste Auswahl daraus.

Bei der Beantwortung der Fragen habe ich mein Bestes versucht – im Auftrag von Onkel Albert. Aber manche Fragen sind so schwierig, dass weder ich noch irgendjemand sonst zur Zeit eine Antwort darauf hat. Tatsächlich werden manche der Fragen wahrscheinlich für alle Zeiten ohne Antwort bleiben.

Das eigentlich Interessante dieses Buches liegt also nicht in meinen Antworten, sondern darin, dass diese Fragen gestellt werden. Es wird Zeit, dass Erwachsene wie ich begreifen, dass Kinder gründlicher über vieles nachdenken, als wir es uns vorstellen. Wirklich, ich glaube, sie denken oft viel gründlicher nach als wir.

Atome

Bitte, können Sie mir erklären,
woraus ein Atom besteht?

Lin, 8 Jahre

Alles besteht aus Atomen.
Nimm eine Grapefruit und schneide sie in Hälften.
Halbiere nun jede Hälfte. Jetzt halbiere die Hälften
der Hälften und nun stell dir vor, du teilst sie, sagen
wir, noch 27mal. Was bekommst du schließlich? Ein
klitzekleines Stückchen Grapefruit, das sich nicht
lohnt zu essen? Nein. Du erhältst Atome. (Ich sage
›stell es dir vor‹, denn du würdest ein *sehr* scharfes
Messer brauchen – so scharf werden Messer gar nicht
und falls doch, wären sie so gefährlich, dass man damit auf keinen Fall spielen sollte.)
Atome sind die Bausteine, aus denen die Welt besteht. Tiere, Erde, Häuser, Fußbälle, der Stuhl, auf
dem du sitzt, die Seite, die du gerade liest – alles
besteht aus aneinander hängenden Atomen.
Ich stelle mir die Welt gern als riesiges Legoland vor.
Nimmst du ein Legoauto auseinander, bekommst du
zuletzt nicht ein kleineres Auto, du bekommst ein-

zelne Steine – Steine mit Höckern und Löchern. Je teurer der Legokasten, desto unterschiedlicher die Steine. Manche Steine sind winzig – sie haben nur einen einzigen Höcker, andere sind etwas größer, sie haben zwei Höcker, wieder andere haben vier Höcker, sechs und so fort. Die Welt ist aus einem ›Legokasten‹ entstanden, in dem es 92 verschiedene Arten von Bausteinen oder Atomen gibt.

Das Wort ›Atom‹ bedeutet ›unteilbar‹. Heißt das also, man kann ein Atom nicht teilen?

Früher haben die Menschen das geglaubt. Doch heute wissen wir, dass es nicht stimmt. Zerlegt man ein Atom, findet man im Mittelpunkt eine winzige Kugel. Sie wird als der ›Kern‹ des Atoms bezeichnet. Umgeben ist der Kern von noch kleineren Kügelchen, den ›Elektronen‹. Sie kreisen um den Atomkern wie Bienen um einen Bienenkorb.

Ein Atom besteht zum größten Teil aus leerem Raum. Wenn du es dir zur Größe eines Flughafens aufgeblasen vorstellst, wäre der Atomkern nicht größer als ein Golfball auf der Start- und Landebahn. Und was die Elektronen betrifft, die wären kleiner als Erbsen, die außen um den Flughafen herumsausen. Wenn also deine Mutter nächstens sagt, du darfst dir keine zweite Portion von dem schwer verdaulichen Pudding nehmen, versuche ihr zu erklären: ›Hör mal, Mum, Onkel Albert sagt, Pudding besteht hauptsächlich aus leerem Raum.‹ (Man kann nie wissen, vielleicht klappt es ja.)

Was unterscheidet nun die 92 Atomarten voneinander? Zweierlei. Erstens haben sie unterschiedlich große Kerne. Zweitens haben sie eine unterschiedliche Anzahl von Elektronen. Das leichteste Atom hat nur *ein* Elektron (wie das kleinste Legosteinchen nur einen einzigen Höcker hat), das nächste hat zwei Elektronen, das nächste drei und so weiter … bis zum schwersten Atom, das – du hast es erraten – 92 Elektronen hat.

Werden Atome zusammengebracht, ordnen sich die Elektronen neu um ihre Kerne, sodass die Atome aneinander haften – genau wie die Höcker und Löcher der Legosteine sich ineinander fügen. Und wie man aus den Steinen desselben Legokastens alles Mögliche bauen kann – einen Trecker, ein Schiff, ein Haus usw. –, kann aus den 92 Atomarten alles, was es auf der Welt gibt, gebaut werden. Man ordnet die Teile nur immer wieder anders an. Raffiniert, findest du nicht auch?

Die Sonne

Ich hätte gern Ihre Antwort auf folgende Fragen:
Wie ist die Sonne entstanden? Besteht sie ganz aus Gas und Feuer? Wie lange ist die Sonne schon im Weltraum?

Freundliche Grüße
Hal Jarrett

Du vermutest ganz recht: Die Sonne ist ein riesiger Ball aus glühendem Gas. Wie alles andere besteht sie aus Atomen. Nur braucht man für eine Sonne nicht 92 Sorten von Atomen; zwei davon genügen. Es sind die leichtesten Atome, sie heißen Wasserstoff und Helium.

Es war so, dass im Weltraum eine gewaltige Wolke aus Wasserstoff und Helium trieb. Alles im Universum zieht alles andere an, und zwar mit einer Kraft, die man ›Schwerkraft‹ oder ›Gravitation‹ nennt. (In diesem Augenblick wirst du von der Gravitation der Erde in deinen Sessel gezogen.) So war es auch mit den Atomen, die diese Wolke bildeten; jedes einzelne Atom der Wolke zog jedes andere Atom an. Atome

sind nicht sehr schwer, deshalb ist ihre Anziehungskraft äußerst gering. Doch über eine lange Zeitspanne
quetschte diese Kraft die Wolke langsam zusammen,
sodass sie kleiner und kleiner wurde.

Schon mal einen Platten gehabt? Du nimmst dir die
Fahrradpumpe und pumpst Luft in den Reifen. Dabei presst du die Luft zusammen. Und was passiert?
Die Pumpe wird warm. Je schneller du pumpst, desto
heißer wird sie. Das kommt daher, dass sich Luft
(oder jedes andere Gas) erwärmt, wenn man sie (oder
es) zusammendrückt.

Genau das passierte mit der Gaswolke im Weltraum.
Je kleiner sie wurde (wegen der Schwerkraft), desto
heißer wurde sie. Zuletzt wurde sie so heiß, dass sie
plötzlich Feuer fing.

Es ist etwa 4,6 Milliarden Jahre her, dass die Sonne
Feuer fing (dass sie ›geboren‹ wurde) – und seitdem
brennt dieses Feuer.

Wie können wir erfassen, was 4,6 Milliarden Jahre
sind? Versuch dir mal vorzustellen, du würdest Kalender sammeln (solche, die für jeden Monat ein Blatt
haben). Du beginnst in dem Jahr, als die Sonne entstand, und kaufst jedes Jahr einen neuen. Hättest du
diese Sammlung bis heute vollständig, wäre der Sta-
pel alter Kalender 10 000 Kilometer hoch! Das ist bei-
nahe so viel wie die Entfernung von einer Seite der
Erde zur anderen.

Ich heiße Paul Reilly und ich schreibe aus der Barlby Schule. Ich bin 10 Jahre alt.

Meine Lieblingsthemen in der Schule sind: Erde, Weltraum und Licht. Ich und die andern in der Klasse lesen gerade Ihr Buch ›Durch Raum und Zeit mit Onkel Albert‹ und bis jetzt finden wir's gut.

Wir haben schon was erfahren über die Lichtstrahlen, die von der Sonne kommen, über die Temperaturen der verschiedenen Planeten und über Menthan-, Helium und Wasserstoffgase auf den Planeten.

Ich wäre dankbar, wenn Sie meine Frage beantworten würden. Bitte, können Sie mir erklären, woher die Sonne ihre Wärme bekommt?

Ich gehe im September von der Schule ab und bin gespannt, ob Sie uns noch vor den Sommerferien besuchen können.

Mit freundlichen Grüßen
Paul

In früher Zeit erhitzte sich die Sonne, indem ihr Gas zusammengepresst wurde. Doch seit sie ›Feuer gefangen‹ hat, kommt sie auf andere Art zu ihrer Wärme – nämlich durch die Atomkerne oder Nuklei. (Merk dir, man sagt ›Nuklei‹, nicht ›Nukleuse‹. Ist nicht meine Schuld, ich habe die Sprache nicht erfunden.) Es geschieht also folgendes: Die Sonne wird so heiß, dass alles wie wild umherwirbelt – so heftig, dass die

Elektronen aus ihren Atomen geschlagen werden. Elektronen und Atomkerne sausen wie verrückt hierhin und dorthin, in alle Richtungen gleichzeitig, und prallen gegeneinander.

Wenn Wasserstoffkerne und Heliumkerne zusammenstoßen, bleiben sie manchmal aneinander hängen. Geschieht dies, geben sie Energie in Form von Wärme und Licht ab.

Warum geben sie Energie ab? Es ist ein bisschen wie bei zwei Menschen, die zuerst getrennt wohnen. Jeder von ihnen verbraucht Gas und Elektrizität zum Heizen, Kochen und um das Badewasser zu erhitzen. Wohnen sie jedoch zusammen, reduzieren sie ihre Heiz- und Stromrechnungen. Sie können im selben geheizten Zimmer sitzen statt in getrennten, sie können in denselben Fernseher schauen, auf demselben heißen Herd ihr Essen kochen und so weiter. Das bedeutet, es ist jetzt mehr Gas und Elektrizität vorhanden, Energie also, die anders genutzt werden kann.

Dasselbe gilt für Atomkerne. Tun sie sich zusammen, brauchen sie nicht so viel Energie, wie wenn sie einzeln umherschwirren. Wenn sie also zusammenprallen und aneinander hängen bleiben, tritt die nicht benötigte Energie aus. Und das ist die Energie, die die Sonne am Brennen hält. Gewiss, Atomkerne sind so winzig – du wirst denken, viel kann nicht dabei herauskommen, wenn zwei Kerne aneinander hängen bleiben. Doch wenn das zig Milliarden gleichzeitig tun, kommt schließlich doch einiges zusammen.

Ich interessiere mich sehr für den Weltraum. Ich habe viele Bücher darüber und möchte gern wissen, ob die Sonne mal explodieren wird? Warum? Und wann?

Von Ahmed (10)

Gute Frage. Die Sonne ist in der Tat wie eine riesige Atombombe. Sie erhält ihre Energie genau wie eine Atombombe – durch aneinander haftende (oder miteinander verschmelzende) Atomkerne. Doch was das Großartige an der Sonne ist: Sie ist eine Bombe, die L..A..N..G..S..A..M explodiert.

Es ist wirklich ganz erstaunlich, wie die Sonne das macht – wie sie ihr Feuer mit genau der richtigen Menge Wasserstoff versorgen kann, damit es gleichmäßig brennt.

Ewig kann das nicht so weitergehen, wohl wahr. Es besteht aber nicht etwa die Gefahr, dass die Sonne plötzlich explodieren wird. Doch irgendwann in der Zukunft wird sie anfangen langsam zu schwellen. Dann wird sie sich röten und nahezu unsern gesamten Himmel ausfüllen. Die Erdoberfläche wird glühend heiß und alles Leben verbrennt und verkohlt. Das ist die schlechte Nachricht. Die gute ist, dass du und ich, unsere Kinder und Enkelkinder, unsere Urenkel und Urur ... usw. längst tot und verblichen sind, bevor es so weit sein wird! Man rechnet damit, dass die Sonne ungefähr noch 5 Milliarden Jahre lang so bleiben wird wie jetzt.

Du kannst also die Behauptung ›Die Welt wird untergehen‹ nicht als Ausrede gebrauchen, wenn du die Hausaufgaben für nächste Woche nicht gemacht hast. Pech gehabt!

Ich heiße John, ich habe einen Bruder, eine Mum, einen Dad, einen Hund, und ich wohne in London.

Wir beschäftigen uns mit dem Thema Erde und Weltraum. Wir nehmen gerade die verschiedenen Planeten durch, wie sie aussehen und woraus sie bestehen. Wir lesen Ihr Buch ›Durch Raum und Zeit mit Onkel Albert‹. Ich finde, es ist das beste Buch, das ich in diesem Jahr gelesen habe. Am besten gefällt mir, wenn Sie über die Erdzeit und die Raumzeit reden.

Ich will Ihnen ein paar Fragen stellen: Wir leben auf der Erde und die Erde ist im Weltraum, aber woher wissen wir das, wenn doch der Raum schwarz ist? Wie drehen sich die Planeten um ihre Achse? Woher weiß man, woraus die Sonne besteht, wenn man sie nicht anfassen kann?

Wir möchten Sie einladen, unsere Klasse zu besuchen und uns etwas über Erde und Raum zu erzählen. Wenn Sie bitte vor den Sommerferien kommen könnten, weil wir danach zur höheren Schule gehen.

Mit freundlichen Grüßen
John

Du hast Recht, wir können die Sonne nicht anfassen. Deshalb müssen wir uns das Licht zunutze machen, das wir von ihr bekommen.

Erhitzt man Atome in einem Labor, geben sie farbiges

Licht ab. Erhitze beispielsweise Natriumatome und sie leuchten in hellem gelben Licht. (Solches Licht hat man in gelben Natrium-Straßenlampen.) Wenn du ein anderes Atom erhitzt, Neon, bekommst du das pinkfarbene Licht von Neonlampen usw. Mehr noch: Ist das Natriumatom nicht heiß, sondern kalt, schluckt es alles auf sich gerichtete gelbe Licht, und Neon schluckt alles rosa. So hat jede Atomart ihre besonderen Neigungen und Abneigungen, was Farben angeht.

Diese besondere Farbmischung wird zu einer Art von atomarem Fingerabdruck. Man kann tatsächlich ein Detektivspiel daraus machen. Erhitze ich eine unbekannte Mischung von Atomen, kannst du mir dann – allein auf Grund der Farben – sagen, welche Atome ich habe? Genau so einen Kriminalfall gibt die Sonne auf. Statt einfach festzustellen: ›Die Sonne ist von einer Art gelblich weißem Licht‹, und es dabei zu belassen, misst man sehr, sehr sorgfältig, welche Farben ausgesandt und welche verschluckt werden. Und daher wissen Forscher, dass die Sonne größtenteils aus den beiden leichtesten Gasen besteht: Wasserstoff und Helium – und niemand muss sich dabei die Finger verbrennen!

Ich heiße John. Bestimmt können Sie meine Fragen beantworten, weil Sie Professor sind.
Wenn es auf der Welt zuerst nur einen einzigen Menschen gegeben hat, wieso sind es jetzt Millionen?
Warum kriegt man Sommersprossen?
Wie sind die Planeten zu ihren Namen gekommen?
Wieso tut die Sonne unseren Augen weh, wo sie doch so weit weg ist?
Ich würde mich sehr freuen, wenn Sie meine Fragen beantworten könnten.

Mit freundlichen Grüßen
John Baldry (11 Jahre)

Die Sonne *ist* sehr weit weg. Wenn ein Raumschiff von der Erde zur Sonne fliegen wollte und es würde sich mit der Geschwindigkeit eines Düsenflugzeugs bewegen, würde es 20 Jahre dafür brauchen. Es liegt an der Entfernung, dass die Sonne so klein wirkt.
Aber in Wirklichkeit ist sie riesengroß – so groß, dass die Erde eine Million Mal hineinpassen würde. Wegen der Entfernung nimmt die Sonnenscheibe nur einen winzigen Bruchteil des Himmels ein. Lediglich von diesem kleinen Teil des Himmels bekommen wir Wärme, deshalb ist es auf der Erde angenehm warm und nicht glühend heiß.
Aber die *Helligkeit* der kleinen Sonnenscheibe ist mehr oder weniger dieselbe, als wäre die Sonne dicht

über uns – denn sie strahlt größtenteils durch leeren Raum und nichts hindert ihre Bahn. Wenn also die Sonnenscheibe auch klein ist, ist sie dennoch hell – gefährlich hell. Immerhin kann man mit Sonnenstrahlen und der Hilfe eines Vergrößerungsglases Löcher in Holz brennen. (Was meinst du also, würdest du deinem Augenhintergrund antun, wenn du durch die Linse – das ist der vordere Teil des Auges – direkt in die Sonne schautest?)

Schwerkraft

Warum schwebt man im Raum, wenn doch nur auf dem Mond und den Planeten Schwerkraft ist?

Mit freundlichem Gruß
Philip Browning

Dass Astronauten im Weltraum schweben, ist äußerst verwirrend. Wenn wir hier auf der Erde in die Luft springen, schweben wir nicht, wir werden von der Schwerkraft wieder zu Boden gezogen. Heißt das also, dass dort, wo die Astronauten herumschweben, keine Schwerkraft ist?

Nein. Die Schwerkraft der Erde reicht bis tief in den Weltraum. Genau wie wir werden die Astronauten zum Erdmittelpunkt hin angezogen. Warum stürzen sie also nicht ab?

Die Antwort lautet: Bei abgeschaltetem Raketentriebwerk verhält sich das Raumschiff der Astronauten wie der Mond: Es kreist auf einer Umlaufbahn um die Erde. Immer noch wird es von der Schwerkraft der Erde angezogen, aber das ›Ziehen‹ reicht gerade mal aus, um das Raumschiff auf einer etwa kreisförmigen

Bahn zu halten; es ist nicht mehr genügend Kraft da, um es zur Erdoberfläche zu bringen. Das Raumschiff ist tatsächlich zu einem zusätzlichen ›Minimond‹ der Erde geworden.

Dasselbe gilt für die Austronauten. Sie treiben ihrerseits im Raum, und indem sie auf einer Umlaufbahn um die Erde kreisen, heben sie die auf sie wirkende Anziehungskraft auf. Doch ihre Umlaufbahn ist dieselbe wie die des Raumschiffs. So bewegen sie sich gemeinsam. Wenn wir sie nun in ihrem Raumschiff oder bei einem Spaziergang im All neben der Rakete treiben sehen, dann kommt es uns vor, als schwebten sie. Es ist ein bisschen wie bei zwei Autos, die auf der Autobahn Seite an Seite mit derselben Geschwindigkeit fahren. Den Leuten im Auto – wenn sie zu den Insassen des jeweils andern Autos hinsehen – kommt es vor, als bewegten sie sich gar nicht, doch in Wirklichkeit rasen sie beide dahin.

Wir haben Ihr Buch ›Durch Zeit und Raum mit Onkel Albert‹ gelesen und finden es toll. Mir gefällt am besten die Stelle, wo Memory an ihrem Geburtstag einen Trip zu den Planeten machen darf.

Wir würden gern wissen, warum die Planeten und die Sonne am Himmel bleiben? Warum fallen sie nicht herunter?

Kommen Sie doch mal in unsere Schule, wenn es Ihnen nicht zu viel Mühe macht. Wir würden uns gern mit Ihnen unterhalten.

Falls Sie aber zu viel Arbeit haben, verstehen wir das natürlich.

Mit freundlichen Grüßen
Leonie Lambert

Ich habe schon erklärt, wie jeder Körper mit seiner Schwerkraft jeden anderen Körper anzieht. Diese Kraft erstreckt sich auf den Weltraum. Sie wird schwächer, je weiter weg etwas ist, aber sie ist immer vorhanden; sie schwindet nie ganz. Das heißt, Erde und Sonne ziehen einander an – und den Mond – und die Planeten. Sie alle ziehen einander an. Du hast also ganz Recht, man würde erwarten, dass sie in einem einzigen großen Haufen aufeinander fallen. Doch aus irgendeinem Grund fallen sie nicht. Warum?

Die Antwort ist, dass sie alle umeinander kreisen. Die Erde und die Planeten kreisen um die Sonne, der Mond um die Erde. Was bringt das schon? Stell dir vor, du bindest deinen Teddy an das Ende einer Schnur und wirbelst ihn dann um deinen Kopf. Du ziehst an dem Teddybär, aber näher an dich heran kommt er nicht. Du brauchst deine ganze Kraft, um ihn auf einer Kreisbahn zu halten. Du weißt, was passiert, wenn du zu ziehen aufhörst (d. h., wenn du die Schnur loslässt) – der Teddy wird davongeschleudert. Dasselbe passiert im Weltraum. Die Erde zieht so kräftig wie möglich am Mond, doch er stürzt nicht vom Himmel, weil er sich auf einer Umlaufbahn um uns bewegt. Ebenso stürzen die Erde und die anderen Planeten nicht in die Sonne und verglühen in ihrem Feuer, weil wir uns auf einer Umlaufbahn um die Sonne bewegen. Wir alle bewegen uns in Kreisen – und das ist unser Glück.

Die Planeten

*Ich bin sechs Jahre. Ich interessiere mich
für den Weltraum. Wie viele Planeten gibt es?*

*Herzliche Grüße
Sarah*

Es gibt neun Planeten. Der Sonne am nächsten haben
wir Merkur, dann folgen Venus, Erde, Mars, Jupiter,
Saturn, Uranus, Neptun und Pluto.
Sie alle umkreisen die Sonne, jeder auf einer immer
größeren Umlaufbahn. Die Erde bewegt sich in
einem Jahr um die Sonne – das meinen wir mit ›Jahr‹.
Das Plutojahr ist das längste: 248 Erdenjahre. Merkur
braucht nur 88 Tage – ein Viertel des Erdenjahres.
Angenommen, du wärst 10 Jahre alt und jemand anders wäre am selben Tag wie du auf dem Merkur geboren, dann würde sich der andere jetzt für 40 Jahre
alt halten – das heißt, 40 *Merkur*jahre alt. (Natürlich
wird auf dem Merkur nie jemand geboren werden –
so dicht an der Sonne ist es viel zu heiß.)

Bitte antworten Sie mir auf meine Frage: Warum sind alle Planeten unterschiedlich groß?

Herzliche Grüße
Emma

Sie sind tatsächlich sehr unterschiedlich in der Größe. Jupiter ist der größte. Sein Durchmesser (die Entfernung von einem Punkt seiner Oberfläche zu dem Punkt auf der genau gegenüberliegenden Seite) ist elfmal größer als der Durchmesser der Erde. Pluto ist dagegen ein Knirps – weniger als ein Fünftel des Erddurchmessers.

Aber gar so klein ist er nun auch wieder nicht. Würdest du auf dem Pluto wohnen und wolltest einmal rundherum gehen, würdest du trotzdem ein Jahr brauchen, bis du wieder zu deinem Ausgangspunkt kämst – selbst wenn du jeden Tag 12 Stunden laufen würdest. Ein Gang um den Jupiter wäre ein echter Marathonlauf – er würde dein Leben lang dauern.

Doch lass dich warnen! Es ist keine schlaue Idee, etwa zu versuchen auf dem Jupiter herumzulaufen. Er hat keine Oberfläche, auf der man laufen könnte! Er ist wirklich nicht mehr als ein großer Gasball – einer, der immer dichter wird, je tiefer man hineinsinken würde. Dasselbe gilt für all die wirklich großen Planeten: Jupiter, Saturn, Uranus und Neptun.

Wenn auch manche Planeten hauptsächlich aus Gas bestehen und die andern hauptsächlich aus Stein –

entstanden sind sie auf dieselbe Art und Weise. Damals ballten sich Gas- und Staubwolken zusammen und bildeten die Sonne. Kleine Strömungen oder Wirbel entstanden außerhalb des Zentrums (wie man es manchmal sieht, wenn das Badewasser durch den Abfluss läuft). Statt nun von der neu entstandenen Sonne eingesogen zu werden, blieben sie außerhalb und kreisten auf Umlaufbahnen um die Sonne. Sie verdichteten sich (wegen der Schwerkraft) und bildeten die Planeten.

Bei den inneren Planeten dicht an der Sonne war es so, dass die leichten Gase von dem heißen Wind, der von der Sonne kommt, davongeweht wurden, und zurück blieb der zusammengeballte Staub, der dann die steinigen Planeten bildete. Die weiter draußen liegenden Planeten wie Jupiter konnten ihre leichten Gase halten – deshalb bestehen diese Planeten immer noch hauptsächlich aus Gas.

Warum also sind die Planeten unterschiedlich groß? Ihre Größe hängt ganz davon ab, wie viel Gas ursprünglich in jedem dieser Wirbel enthalten war und ob sie weit genug von der Sonne entfernt waren, um das Gas festhalten zu können, nachdem die Sonne erst mal brannte und ihren heißen Wind verströmte.

Ich habe eine Frage an Sie, vielleicht können Sie mir antworten. Wie weit ist Merkur von der Sonne entfernt? Wenn Sie die Frage beantworten können, warten Sie nicht so lang mit Ihrem Antwortbrief.

Von Andrew Buchanan

Obwohl er der sonnennächste Planet ist, ist er immer noch 58 Millionen Kilometer von der Sonne entfernt. Wie weit ist das? Stell dir eine Schnur um den Äquator der Erde vor. Richte sie geradeaus. Du bräuchtest 14500 solcher Schnurstücke, schön aneinander gelegt, damit sie vom Merkur bis zur Sonne reichen würden (und 37500 von der Erde bis zur Sonne).
Von der Oberfläche des Merkur aus sähe die Sonne dreimal größer aus, als wir sie von der Oberfläche der Erde aus sehen, deshalb ist es glühend heiß dort und niemand könnte auf dem Merkur überleben.

Können Sie mir bitte erklären, warum Pluto der kälteste Planet ist und nicht der heißeste?

Vielen Dank, Adam Chandler

Wenn du meine Antwort auf den vorherigen Brief gelesen hast, dürfte dir die Antwort auf diese Frage nicht schwer fallen. Pluto ist der am weitesten von der Sonne entfernte Planet. Der Weltraum ist sehr, sehr kalt. Um sich warm zu halten, muss man sich dicht an einem Feuer (wie der Sonne) aufhalten.

Wenn in einer eisigen Winternacht eine Katze namens Merkur sich 30 Zentimeter vor dem Kaminfeuer (was wir uns mal als Sonne vorstellen wollen) auf einem Teppichläufer zusammenrollt und ein Erdenbewohner sich einen Meter vom Feuer entfernt auf dem Sofa ausstreckt, dann würde – in diesem Maßstab ausgedrückt – der arme, alte Hund Pluto 40 Meter entfernt bibbernd auf der Straße stehen!

Zusammen mit meiner Schwester habe ich eine Sendung über den Weltraum angesehen und da haben sie eine Karte vom Weltraum gezeigt. Ich habe den Saturn angeschaut und gedacht: Warum hat der Saturn Ringe?

Mit freundlichen Grüßen
Joseph Stewart

Als Junge wohnte ich ein Jahr lang bei meinem Onkel Bill. (Es war während des Zweiten Weltkriegs, als es wegen der Bomben zu gefährlich für Kinder war, zu Hause in London zu wohnen.) Er besaß ein wunderbares Fernrohr. Es war sein Hobby. Er beobachtete damit die Sterne und zeigte mir alle möglichen herrlichen Dinge. Onkel Bill war es, der als erster mein Interesse für das, ›was da oben war‹, weckte.

Ein paar Jahre später, als er zu alt wurde, um in kalten Nächten Sternguckerei zu betreiben, schenkte er mir sein Fernrohr. Es ist immer noch mein Stolz und meine Freude.

Ohne Zweifel das spannendste Erlebnis, das ich mit meinem Fernrohr hatte, war der Anblick des Saturns und seiner prächtigen Ringe. Was sind das für Ringe? Sie sind sehr flach und dünn. Aber sie sind nicht fest; sie sind nicht starr. Sie bestehen, genau genommen, aus einer Unmenge von Eisstücken. Manche sind wie Schneeflocken, andere wie schmutzige Schneebälle und manche sind so groß wie Schneemänner. Sie kreisen langsam um den Planeten, ähnlich wie der

Mond um die Erde kreist. Tatsächlich kann man sich diese Eisstücke als sehr kleine Monde vorstellen.

Wir wissen inzwischen, dass nicht allein der Saturn Ringe hat. Jupiter, Neptun und Uranus haben auch welche, doch die sind sehr dünn und nur schwer zu sehen, selbst wenn sie von einer Raumsonde aus der Nähe fotografiert werden.

Die Erde · Vulkane · Erdbeben · Das Innere der Erde

Alles hat einen Anfang, Gummi kommt von Gummibäumen und diese wachsen aus Samen von älteren Bäumen. Menschen kommen von ihren Müttern und haben einen Geburtstag – meiner ist der 29. Dezember. Wie ist die Erde entstanden und wann?

Kathryn Brown, 9 Jahre

Bei einem Geburtstag so dicht an Weihnachten hast du sicherlich Probleme, dass die Leute überhaupt daran denken. Ich spreche aus Erfahrung, mein Geburtstag ist der Tag vor Weihnachten. Ich bestehe immer auf meinem extra Geburtstagskuchen – nicht zu verwechseln mit dem Weihnachtsgebäck! Setz dich für deine Rechte ein, Kathryn!

Was deine Frage angeht, so habe ich bereits erklärt, dass die Erde ein Planet ist wie die andern. Sie ist also aus einem Gas- und Staubwirbel außerhalb der Sonne entstanden. Man nimmt an, dass sie zur gleichen Zeit wie die Sonne und die andern Planeten entstanden ist, das heißt, vor 4,6 Milliarden Jahren.

Wie wissen wir das? Wegen der Radioaktivität. Es geschieht folgendes: Einige sehr schwere Atomkerne sind größer und wackliger, als ihnen gut tut. Nach einiger Zeit wird ein Teil ihrer Masse herausgeschleudert oder fällt heraus – es bleibt ein etwas kleinerer, aber stabilerer Kern zurück. Wenn ein Atomkern sich auf diese Weise verkleinert, sagt man, er ist ›zerfallen‹; er ist radioaktiv zerfallen. Von solchen Atomsorten zerfallen die Hälfte der Kerne in einer bestimmten Zeit, die man ihre ›Halbwertszeit‹ nennt. Angenommen, die Halbwertszeit beträgt 1 Million Jahre. Das heißt, wenn man am Anfang 16 übergroße Atomkerne hat, bleiben nach 1 Million Jahren nur noch halb so viele übergroße Kerne, nämlich 8. Damit hat man nun 8 Atomkerne, die immer noch zu groß sind, plus 8 neue normal große Kerne. Nach einer weiteren Million Jahren ist auch die Hälfte der 8 restlichen übergroßen Atomkerne zerfallen. Das bedeutet, wir haben nach insgesamt 2 Millionen Jahren nur noch 4 übergroße Atomkerne und weitere 4 normal große zu den 8, die wir bereits haben, das sind zusammen 12 normal große Kerne.

Verstehst du nun, wie man auf diese Weise ausrechnen kann, wie lange eine Ansammlung von Atomkernen schon existiert? Versuche die folgende Quizfrage zu beantworten:

Frage: Angenommen, ich habe eine Auswahl von Atomkernen wie die, über die wir eben gesprochen haben. In dieser Auswahl sind zwei übergroße Kerne und 14 normal große. Kannst du mir sagen, wie lange meine Auswahl von Atomkernen schon existiert?

(Lies nicht gleich die Antwort, überleg selber!)

Antwort: Wenn es 2 Millionen Jahre dauert, um 16 übergroße Atomkerne in 4 übergroße und 12 normal große zu verwandeln, dauert es nochmals eine Million Jahre, bis die Hälfte der verbliebenen 4 übergroßen Kerne zerfällt – womit es also noch 2 übergroße und insgesamt 14 normal große Atomkerne sind. Ein Verhältnis von 2 übergroßen und 14 normal großen Kernen bedeutet also, diese Atomkerne müssen seit 3 Millionen Jahren existieren. So lautet die Antwort.

Indem man den Erdboden untersucht und zählt, wie viele übergroße Atomkerne im Vergleich zu normal großen man hat, kann man errechnen, wie alt der Boden ist. So können Wissenschaftler ausrechnen, dass die Erde 4,6 Milliarden Jahre alt ist. Und da sie annehmen, dass die Sonne zur gleichen Zeit entstand wie die Erde, muss auch die Sonne so alt sein.

Hier ist eine Frage für Ihr Buch: Wenn die Sonne so weit weg ist, wie kommt es dann, dass der Mittelpunkt der Erde so heiß ist? Man würde glauben, er sei kalt.
Hoffentlich können Sie meine Frage beantworten.

Liebe Grüße
Melanie (10 Jahre)

Gute Frage. Man könnte tatsächlich annehmen, dass es dort unten kalt ist. Schließlich ist der Weltraum sehr kalt. Dass die Oberfläche der Erde warm ist, liegt daran, dass sie während des Tages von der Sonne aufgeheizt wird; nachts verliert sie die Wärme schnell an den Weltraum. Ich muss dir nicht erzählen, wie schnell sich in einer klaren Winternacht alles abkühlt, wenn erst mal die Sonne untergegangen ist.

Doch in der Tat: Wenn du in ein Bergwerk hinuntersteigst, wird es immer wärmer, je tiefer du kommst. Und was den Erdmittelpunkt angeht – er ist sehr, sehr heiß, so heiß, dass Felsen schmelzen, ohne dass jemals Sonne dort unten hinkommt. Was also geschieht da?

Es hat wieder mit den Atomkernen zu tun. Erinnerst du dich, wie die Sonne zu ihrer Wärme kommt? Leichte Atomkerne prallen aufeinander und verschmelzen zu schwereren Kernen. Dabei wird Wärmeenergie abgegeben. Wir haben gesagt, die Sonne ist so etwas wie eine Atombombe, die langsam explodiert.

Es gibt noch eine andere Atombombe. Sie explodiert

heimlich, still und leise *direkt unter unseren Füßen*! Erinnerst du dich an die schweren, übergroßen Atomkerne, die einen Teil ihrer Masse ausschleudern, um
eine normalere Größe anzunehmen? Solche Um-
wandlungen der Atomkerne setzen ebenfalls Wärmeenergie frei. Wie also die Sonnenenergie durch atomare *Verschmelzung* erzeugt wird (das Verschmelzen
oder Sich-aneinander-Heften leichter Atomkerne),
wird die Energie im Erdmittelpunkt durch atomare
Spaltung erzeugt (die Aufspaltung oder Trennung
schwerer Atomkerne).

Ha, denkst du dir, er hat Paul doch eben erst erklärt,
dass man Energie spart, wenn man zusammen wohnt.
So hat er Energie erklärt, die durch Verschmelzung
entsteht. Jetzt sagt er das *Gegenteil* – dass man Energie
spart, wenn man sich trennt. Es kann nicht beides
richtig sein.

Ach nein? Wer sagt das? Wenn man einen Teenager
im Haus hat, der dauernd die Lichter brennen lässt
und den Fernseher nicht abschaltet, kann man sehr
wohl Energie sparen, wenn dieser Teenager auszieht!
Manche Menschen sparen Energie, wenn sie sich zu-
sammentun, andere, wenn sie sich trennen. Dasselbe
gilt für Atomkerne. Manche geben Energie ab durch
Verschmelzung, andere durch Spaltung.

Natürlich erhältst du nicht viel Energie von nur einem
Atomkern, der sich spaltet. Wie wir jedoch bei der
Schmelzung gesehen haben, summiert es sich, wenn
große Mengen Atomkerne gleichzeitig dasselbe tun.

Was geschieht mit all dieser Energie, die tief im Innern der Erde erzeugt wird? Sie wandert an die Erd-

oberfläche. Von da aus kann sie in den Weltraum entweichen. Doch dieser Vorgang dauert lange Zeit; die Wärme muss tausende von Kilometern zurücklegen, um an die Oberfläche zu gelangen. Deswegen baut sich die Temperatur auf – bis zu dem Punkt, wo sie Gestein schmilzt.

Es ist ein merkwürdiger Gedanke, dass der scheinbar feste Boden, auf dem wir herumlaufen, dort unten gar nicht fest ist. Genau genommen ist er nur eine dünne Kruste, die auf einer heißen Flüssigkeit schwimmt – etwa wie die kalte Haut, die sich auf der Oberfläche eines heißen Puddings bildet.

(Dabei fällt mir ein: Ich esse die Haut auf Pudding unwahrscheinlich gern. Du auch? Puddinghautessen, das war immer mein Vorrecht. Doch dann heiratete ich. Zu meinem Entsetzen aß meine Schwiegermutter die Puddinghaut genauso gern. Kannst du dir das vorstellen: Zwei erwachsene Menschen, die sich streiten, wer die Haut bekommen soll?!)

Können Sie bitte erklären, was vor einem Erdbeben im Gestein passiert? Danke.

Thomas Compton

Ich habe Melanie gerade erklärt, dass die Erdoberfläche eigentlich eine dünne Kruste ist, die auf geschmolzenem Gestein driftet. Diese Flüssigkeit ist wegen der von unten kommenden Hitze immer in brodelnder Bewegung. Die flüssige Masse scheuert gegen die Unterseite der auf ihr treibenden Kruste – dadurch verschiebt sich diese. Spalten bilden sich in der Kruste, so dass sie schließlich in einzelne Teile bricht, die man ›Platten‹ nennt. Es ist ein bisschen wie ein Puzzle aus zerbrochenen Tellern, die wieder zusammengesetzt werden.

Eine dieser Spalten verläuft beispielsweise entlang der Westküste der USA. San Francisco ist zum größten Teil auf der einen dieser Platten erbaut und Los Angeles – etwa 600 Kilometer südlich von San Francisco – liegt auf der anderen Seite der Spalte.

Interessante Vorgänge ereignen sich in der Nähe dieser Spalten oder ›Verwerfungen‹, wie sie genannt werden. Die brodelnde, flüssige Masse unter so einer Platte bewegt diese beispielsweise langsam in die eine Richtung, während die Flüssigkeit unter der angrenzenden Platte diese in eine andere Richtung schiebt. Genau das passiert in Kalifornien. Los Angeles treibt auf San Francisco zu. Nicht etwa, dass der Bahnpreis für die Strecke zwischen den beiden Städten von Jahr

53

zu Jahr niedriger wird. Der Spalt schließt sich in einer Geschwindigkeit von nur 5 Zentimetern pro Jahr. Wenn du aber bereit bist, deine Reise um 10 Millionen Jahre zu verschieben – bis dahin nämlich werden die beiden Städte einander gegenüberliegen –, kannst du zu Fuß hinübergehen!

Aber, fragst du, was hat das mit Erdbeben zu tun? Schon gut, ich habe die Frage nicht vergessen. Nur – die Antwort dauert eben manchmal eine Weile. Hier ist sie:

Wenn wir eine riesige Ölkanne hätten, könnten wir darauf achten, dass der Spalt zwischen zwei Erdplatten immer schön geölt wäre, sodass sich die beiden Platten reibungslos aneinander vorbeischieben könnten. So wäre alles gut; es gäbe keine Erdbeben. Aber so ist es nicht. Oft stoßen die Platten zusammen und bleiben mit ihren Rändern aneinander hängen. Während die Hauptteile der zwei Platten sich weiterhin gleichmäßig um einige Zentimeter pro Jahr aneinander vorbeibewegen, rühren sich die Kanten nicht vom Fleck; sie bleiben, wo sie sind. Nach 10 oder 20 Jahren solcher Bewegung hinken sie vielleicht um einen Meter hinterher. Es entstehen Spannungen im Gestein zu beiden Seiten des Spalts. Weitere 10, 20 Jahre, und die Plattenränder liegen nun um mehrere Meter zurück. Der Druck nimmt zu. Noch einmal 10 Jahre ... So kann es nicht ewig weitergehen. Es ist, als wolle man ein Gummiband dehnen. Man kommt bis an einen bestimmten Punkt, dann ...

KNALL

Der Knall ist das Erdbeben. Ein Punkt ist erreicht, wo der Druck so groß ist, dass das Gestein zersplittert. Die Platten befreien sich voneinander und bewegen sich plötzlich mit einem Ruck in die Richtung, in die sie eigentlich wollten. Es kommt zu einer Erschütterung, die sich von der Verwerfung aus wellenartig nach außen fortsetzt und Zerstörungen an Gebäuden verursacht. Oft kommen dabei Menschen um.

Was passiert danach? Wieder stoßen die Platten aneinander und der ganze Vorgang wird sich unweigerlich wiederholen. Dann gibt es in ein paar Jahren wieder ein Erdbeben – nahe derselben Stelle. Dann noch eins und noch eins ...

Du wirst vielleicht fragen: Wenn bekannt ist, dass manche Orte wie Kalifornien gefährdet sind (San Francisco wurde 1906 bei einem Erdbeben völlig zerstört), warum leben dann dort Menschen? Warum sind sie nicht so vernünftig und siedeln sich lieber in der Mitte einer Erdplatte an, wo die Chance eines Erdbebens gering ist? Guter Gedanke. Ich habe mir früher immer vorgestellt, Leute, die in Kalifornien leben, müssen dumm sein oder so. Doch dann, als ich ein junger Wissenschaftler war, wurde mir eine sehr interessante Stelle angeboten. Und zwar an dem Ort, der auf meinem Gebiet, der Kernphysik, führend war. Das Problem: Dieser Ort lag direkt neben San Francisco! Was sollte ich tun? (Was hättest *du* getan?) Ich überlegte – und entschloss mich hinzugehen. Ich blieb ein ganzes Jahr. Heißt das, ich bin dumm? Vermutlich. Ich bin dumm – aber ich hatte Glück; es war ein wundervolles Jahr.

Wir lesen in der Schule gerade ›Onkel Albert und der Urknall‹. Ich habe eine Frage an Sie. Warum brechen Vulkane aus? Das würde ich gern mal wissen, weil mir nämlich die Farben bei einem Vulkanausbruch so gefallen.

Mit freundlichen Grüßen
Miss Sarah Bartholomew

Wo eine dünne Stelle in der Erdkruste ist, kommen Vulkane vor. Im Lauf der Zeit entsteht Druck im geschmolzenen Gestein unter der Erde. Das geht so lange, bis die Kruste dem Druck nicht mehr standhalten kann. Plötzlich gibt die schwache Stelle nach und das geschmolzene Gestein kommt herausgeschossen. So kommt es zur Explosion. Sobald die geschmolzene Masse herausgeschleudert ist, kühlt sie sich ab und bildet Asche und festes Gestein, die um das Kraterloch angehäuft werden. Bei jedem Ausbruch wächst der Hügel aus Asche und Gestein. Schließlich lagert sich so viel ab, dass aus dem Hügel ein Berg wird – ein Berg mit einer Öffnung im Gipfel, wo das Zeug immer noch austritt.

Diese dünnen Stellen in der Erdkruste kommen oftmals an den Rändern zwischen zwei Platten vor. Für Erdbeben und Vulkane gilt also gleichermaßen: Es ist eigentlich ganz gut, nicht in solchen Gebieten zu wohnen!

Wie du schreibst, können Vulkanausbrüche sehr schön aussehen – wie die kostenlose Vorführung eines gigantischen Feuerwerks. Aber sie sind sehr gefährlich und zerstörerisch. 1883 kam es zu einem besonders heftigen Ausbruch auf der Insel Krakatau im Indischen Ozean. Dabei kamen 40 000 Menschen um. Das Donnern der Explosion war noch in 5000 Kilometern Entfernung zu hören.

Ich habe eine Frage, die Sie vielleicht beantworten können: Dreht sich die Welt zu schnell oder zu langsam, als dass wir es merken?

Freundliche Grüße
Naomi Durston

Du wirst dich vielleicht wundern, warum es so lange gedauert hat, bis die Menschen überhaupt mitgekriegt haben, dass sich die Erde dreht wie ein Karussell. Wenn du den ganzen Tag Karussell fährst, *weißt* du schließlich, dass du dich bewegst – du wirst schwindlig! Warum werden also die Menschen an Nord- und Südpol nicht schwindlig? Und warum werden die, die entlang des Äquators leben, nicht in den Weltraum geschleudert? Du hast es erraten. Es kommt daher, weil die Erde sich so langsam dreht. Keiner wird schwindlig auf einem Karussell, das für eine einzige Runde einen ganzen Tag braucht.

Ich muss Ihnen mal eine Frage stellen: Wenn es ein Jahr dauert, bis sich die Erde um die Sonne dreht, warum haben wir dann Schaltjahre?

Mit freundlichen Grüßen
Sophie Fowler

Ein *Jahr* braucht die Erde, um auf ihrer Umlaufbahn um die Sonne bis zurück zu ihrem Ausgangspunkt zu wandern. Einen *Tag* braucht sie, um sich zwischen Mittag des einen Tages und Mittag des nächsten um ihre Achse zu drehen. Doch damit ist nicht gesagt, dass die Erde bei Vollendung einer Umlaufbahn um die Sonne eine bestimmte Anzahl von Umdrehungen um ihre Achse gemacht haben muss.

Tatsächlich ist das Erdenjahr 365 $\frac{1}{4}$ Tage lang. Das bedeutet, die Erde, die ihre Umlaufbahn am 1. Januar an einem bestimmten Punkt des Alls begonnen hat, ist nach 365 Tagen (was wir normalerweise ein ›Jahr‹ nennen – die Zeit von 1. Januar bis 31. Dezember) noch nicht ganz wieder an dem Punkt angelangt, wo sie zu Anfang war. Nach zwei ›Jahren‹ hinkt sie zweimal so lange hinterher, nach drei ›Jahren‹ dreimal so lange. Nach vier ›Jahren‹ würde die Erde vier Viertel-Tage brauchen, um die Differenz auszugleichen. Doch vier Viertel-Tage, natürlich, sind ein ganzer Tag.

Und jetzt kommt ein ganz raffinierter Trick. Für jedes vierte ›Jahr‹ legen wir einen zusätzlichen Tag fest – 366 statt 365. Während dieses zusätzlichen Tages kann die Erde aufholen. Am nächsten 1. Januar ist sie so weit, dass sie das neue ›Jahr‹ vom korrekten Startpunkt der Erdumlaufbahn beginnen kann. Den Extratag hat man an das Ende des Monats Februar gehängt – das macht 29 Februartage. (Frag mich nicht, warum, ich finde, es hätten eher 32 Tage im Dezember sein sollen.) Immerhin ist es eine gute Idee (vorausgesetzt, man hat nicht gerade am 29. Februar Geburtstag). Ohne diese Schaltjahre, wie man sie genannt hat, würde sich der Kalender allmählich verschieben. Schließlich würde es im Juli Winter werden und zur Weihnachtszeit Sommer. (Damit müssen sich die Australier abfinden, doch das ist ihr Problem!)

PS: Eigentlich ist das noch nicht alles. Die Erde umkreist die Sonne nicht in exakt $365\frac{1}{4}$ Tagen – es ist ein kleines bisschen weniger. Deshalb ist die Erde selbst nach einem Schaltjahr nicht *ganz* da, wo sie sein sollte; sie ist jetzt ein winziges Stück *voraus*. Um nun dies auszugleichen, gibt es alle 100 Jahre (und zwar solchen, die mit 00 enden wie 1800 und 1900) ein gewöhnliches 365-Tage-Jahr statt eines 366-Tage-Schaltjahres.

PPS: Selbst das ist noch nicht alles. Durch dieses Überspringen eines Schaltjahres alle 100 Jahre hängt die Erde nun eine klitzekleine Spur *hinter* dem Punkt zurück, wo sie eigentlich sein sollte. Um nun dies auszugleichen, gibt es alle 400 Jahre (und zwar solchen wie das Jahr 2000) statt eines gewöhnlichen Jahres ein Schaltjahr.

PPPS: Ich wette, inzwischen wäre es dir lieber, du hättest gar nicht gefragt!

Ich heiße Laura Sedgwick und ich bin 10 Jahre alt. Ich interessiere mich für Naturwissenschaft und würde gern wissen, woher wir wissen, was im Innern der Erde ist? Können Sie mir bitte helfen?

Laura Sedgwick

Am naheliegendsten ist es, Löcher zu graben und zu untersuchen, was man heutzutage fördert. Doch das ist nur ein Kratzer in der Erdoberfläche. Das tiefste Bergwerk ist ungefähr 3 Kilometer tief und das tiefste Bohrloch ungefähr 15 Kilometer – was nicht viel ist, verglichen mit den 6370 Kilometern bis zum Erdmittelpunkt.

Eine bessere Möglichkeit hat man, wenn die Erde selbst ihr Inneres ausspuckt. So etwas geschieht bei einem Vulkanausbruch. Unmengen heißen Gesteins strömen während einer Explosion hervor. Das verrät uns, dass das Innere der Erde sehr heiß ist. Wir können auch die Art des Gesteins untersuchen, die ausgespuckt wurde (natürlich erst, nachdem sie genügend abgekühlt ist!).

Aber es gibt noch eine andere Möglichkeit. Stell dir vor, der Postbote bringt ein Geschenk – ein braunes Päckchen. Du willst es unbedingt aufmachen und nachsehen, was drin ist, aber du darfst nicht; du musst warten bis Weihnachten, bis zu deinem Geburtstag oder bis sonst wann. Was tust du? Du wartest, bis niemand in der Nähe ist, und schüttelst die

Schachtel erst mal ordentlich. Wenn du Glück hast, klappert es vielleicht, und das kann ein Hinweis sein. Klappert es, handelt es sich zum Beispiel kaum um langweilige Socken oder Unterhemden.

Genauso können es Wissenschaftler machen, um herauszufinden, was im Innern der Erde ist. Sie schütteln sie. In Wirklichkeit müssen sie das gar nicht tun. Von Zeit zu Zeit schüttelt sich die Erde von allein: ein Erdbeben. In der Erdkruste (das ist die äußerste Schicht der Erde) sind Spalten. Wenn die Bruchstücke der Kruste zu beiden Seiten der Spalte aneinander reiben, kann es zu einem Erdbeben kommen. Erdbeben sind schrecklich und richten große Schäden an. Jedes Jahr kommen viele Menschen dabei um. Aber es gibt eine positive Seite. Die heftigen Erdstöße setzen Wellen in Bewegung und diese breiten sich durch das Innere der Erde hindurch aus. Man nennt sie ›Erdbeben-Wellen‹. Sie können an unterschiedlichen Punkten rund um die Erdoberfläche wahrgenommen werden. Auf welchen Wegen sie sich ausbreiten, hängt davon ab, durch welches Material sie gehen. Sie werden gebrochen und manchmal reflektiert, wenn verschiedene Gesteinsarten aufeinander treffen.

Findet irgendwo ein Erdbeben statt, zeichnen Wissenschaftler in der ganzen Welt den Verlauf der Wellen auf, die dabei ausgesendet werden. Dann vergleichen sie ihre Ergebnisse – welche Art von Wellen sie festgestellt haben, wie stark sie waren und wie lange sie bis zu dem jeweiligen Beobachtungsort gebraucht haben. Dann kommt die Detektivarbeit. Aus allen ihren Resultaten leiten die Wissenschaftler ab, wie das Innere der Erde beschaffen sein muss. Das Bild, das sie uns präsentieren, sieht so aus:

Das Innere der Erde besteht – etwa wie bei einer Zwiebel – aus mehreren unterschiedlichen Schichten. Außen ist die Schale oder feste *Kruste*. Sie ist dick an den Stellen, wo Kontinente sind (unter Bergen kann sie 90 Kilometer tief sein), und sie kann dünn sein, zum Beispiel 5 Kilometer, wo Ozeane sind.

Unter der Kruste ist der Mantel, der aus der gleichen Materie besteht, wie sie aus Vulkanen hervorbricht. Dann, in 2900 Kilometern Tiefe (das ist etwa die Hälfte bis zum Erdmittelpunkt) kommt eine große Änderung: Wir erreichen den *äußeren Kern*. Er ist flüssig. Das wissen wir aus dem Verhalten eines bestimmten Typs von Erdbebenwellen (S-Wellen genannt). S-Wellen können nicht durch Flüssigkeiten dringen.

Wellen dieser Art erreichen niemals die Seite der Erde, die dem Ort des Erdbebens gegenüberliegt. Das muss daher kommen, weil sie sich nicht durch den Kern in der Mitte fortsetzen können. Der Kern wirft eine Art ›Schatten‹. Und die Größe des Schattens verrät uns, wie groß der flüssige Kern sein muss. Dann, in einer Tiefe von 5150 Kilometern, erreichen wir die Oberfläche eines festen, *inneren Kerns*. Das wissen wir aus den Bewegungen des zweiten Haupttyps von Erdbebenwellen, den P-Wellen. P-Wellen gehen sowohl durch flüssige als auch durch feste Körper.

Der innere Kern ist etwas kleiner als der Mond. Man

nimmt an, dass er aus Eisen besteht, weil er sehr schwer sein muss. Wir wissen, wie schwer die ganze Erde ist, und das wiederum sagt uns, dass die Masse im Zentrum etwa viermal schwerer sein muss als die leichtere Masse der Kruste. Und das wiederum deutet darauf hin, dass der Kern vermutlich zum größten Teil aus Eisen besteht.

Schließlich, nachdem wir 6370 Kilometer tief gestiegen sind, kommen wir zum Zentrum des inneren Kerns – dem Zentrum der Erde.

Der Mond

Ich war im Bett und habe schon fast geschlafen, da stand ich noch mal auf und schaute aus meinem Fenster. Ich schaute den Mond an und überlegte, wie der Mond entstanden ist.

Mit freundlichen Grüßen
Steven Jones (10 Jahre)

Wie die Sonne und die Planeten entstanden sind, habe ich schon beschrieben (Seite 17 bzw. 35). Erinnerst du dich, wie alles mit einer großen, wirbelnden Wolke aus Staub und Gas anfing? Das meiste davon wurde vom Zentrum eingesogen und bildete die Sonne. Doch kleinere Wirbel und Strudel entwickelten sich außerhalb des Zentrums. Aus ihnen wurden die Planeten, die um die Sonne kreisen.

Eine Vorstellung, wie der Mond entstanden sein könnte, ist die, dass sich ein sehr kleiner Wirbel im Gas und Staub außerhalb der Erde bildete. Er wurde zusammengepresst und kreiste schließlich als Mond um die Erde. Zweifellos auf diese Weise, so nimmt man an, sind die anderen Planeten zu mindestens einigen ihrer Monde gekommen (Pluto hat einen

Mond wie die Erde und Mars hat zwei, doch einige der größeren Planeten haben eine ganze Menge: Neptun hat acht, Uranus fünfzehn, Jupiter sechzehn und Saturn führt mit achtzehn).

Doch das ist nicht die einzige Möglichkeit, wie man zu einem Mond kommen kann. In den frühen Tagen, bald nachdem die Sonne und die neun Planeten sich gebildet hatten, flogen Unmengen von Gesteinsbrocken umher. Es waren, wenn man so will, ganz, ganz kleine Planeten. Man vermutet, dass manche zu dicht an einen der großen Planeten herankamen, eingefangen und auf eine Umlaufbahn befördert wurden. Von da an waren sie Monde des Planeten.

Doch heutzutage glauben die meisten Wissenschaftler, dass *unser* Mond weder auf die eine noch auf die andere Art entstanden ist. Sie glauben, dass die Erde kurz nach ihrer Entstehung von einem dieser im Weltraum herumfliegenden Felsbrocken getroffen wurde. Ein riesiger Klumpen wurde aus der Erde herausgeschlagen. Er schoss als ungeheurer ›Spritzer‹ geschmolzenen Gesteins heraus, ging auf eine Bahn um die Erde, kühlte ab, kam zur Ruhe und wurde unser Mond.

Betrachten wir heutigen Tags den Mond, sehen wir seine Oberfläche von Kratern zerklüftet, die durch den Einschlag von Gesteinsbrocken in früher Zeit entstanden sind.

Können Sie mir bitte erklären, warum der Mond weiß ist? Danke.

Laura Bishop

Der Mond ist nicht wie die Sonne; er strahlt nicht selbst Licht aus. Wie also können wir ihn sehen? Durch das Licht von der Sonne, das die Mondoberfläche reflektiert. Sonnenlicht ist weiß und das Gestein auf dem Mond hellgrau. Die weiten, flachen Ebenen, die sich bildeten, als geschmolzenes Gestein aus dem Inneren des Mondes hervorsprudelte und sich ausbreitete, sind etwas dunkler. Deshalb sieht der Mond fleckig aus und ähnelt einem Gesicht: ›Der Mann im Mond.‹

Die Phasen des Mondes (ob er wie eine schmale Sichel, wie ein Halb- oder ein Vollmond aussieht) hängen ab von dem Winkel, in dem die Mondoberfläche vom Sonnenlicht getroffen wird. Es dauert etwa einen Monat, bis der Mond sämtliche Möglichkeiten seiner ›Formen‹ durchlaufen hat, denn so lange braucht er für seine Bahn um die Erde bis zurück zu seinem Ausgangspunkt.

In einer klaren Nacht bei zu- oder abnehmendem Mond kannst du, wenn du genau hinsiehst, den zur vollständigen Scheibe gehörenden, restlichen Teil des Mondes erkennen – den Teil, der von der Sonne aus gesehen im Schatten liegt. Wie? Durch das Licht, das von der Erde kommt und vom verdunkelten Teil des Mondes reflektiert wird.

Erdenlicht ist für einen Mondbewohner, was Mond-
licht für einen Erdenbewohner ist. Mondbewohner,
die nachts auf dem Mond stehen, sehen über ihren
Köpfen eine leuchtende, von der Sonne erhellte Erde.
Selbst wenn also in diesem Teil des Mondes Nacht
ist, können sich die Mondbewohner mit Hilfe des
schwachen Erdenlichts orientieren.

PS: *Mondbewohner?!* Seit wann gibt es auf dem
Mond...

Die Sterne

Können Sie mir erklären,
warum Sterne leuchten?

Vielen Dank
von Kristina

Du weißt, warum die Sonne scheint. Erinnerst du dich an die kleinen Atomkerne, die gegeneinander prallen und dabei Energie abgeben (Seite 22)? Genauso ist es mit den Sternen: Auch sie beziehen ihre Kraft aus der Kernenergie. In Wirklichkeit sind Sterne Sonnen. Jeder Stern ist ungefähr so groß und stark wie unsere Sonne. Ich weiß, sie sehen nicht so aus. Das kommt daher, weil sie so weit entfernt sind. Erinnerst du dich an das Kaminfeuer, das die Sonne darstellen sollte, während einen Meter vom Kamin entfernt jemand auf dem Sofa liegt (er sollte die Erde repräsentieren) und der arme Pluto 40 Meter weit weg auf der Straße steht? In diesem Maßstab wäre der nächste Stern 250 Kilometer entfernt! Kein Wunder, dass sie winzig aussehen.

Ich lag schon im Bett, da bin ich noch mal aufgestanden und habe aus dem Fenster geschaut und ich dachte mir: Warum kommen die Sterne nur bei Nacht heraus?

Mit freundlichen Grüßen
Sarah Jarvis (9½)

In Wirklichkeit scheinen die Sterne *die ganze Zeit* auf uns herunter – Tag und Nacht. Dass wir sie tagsüber nicht sehen können, liegt daran, dass sie so schwach leuchten (sie sind ja so weit weg von uns). Wir sind geblendet von dem vielen hellen Licht von der Sonne, das Luft und Staub reflektiert, aus denen unsere Atmosphäre besteht.

Erst wenn die Sonne untergeht, bemerken wir die Sterne allmählich. Am Anfang sehen wir einen oder zwei – die hellsten. Dann, wenn es dunkler wird und unsere Augen sich an die Dunkelheit gewöhnt haben, erkennen wir langsam auch die blasseren. Ich weiß, es sieht aus, als ob immer mehr Sterne ›angeknipst‹ werden. Aber so ist es nicht, sie sind immer ›an‹.

Ich lag im Bett und zählte Schafe, weil ich ein-schlafen wollte. Aber ich konnte nicht. Ich gab mir solche Mühe, aber ich konnte nicht schla-fen. Da zog ich die Vorhänge auf und fing an, Sterne zu zählen. Bei 396 fiel mir plötzlich ein: Wie viele Sterne gibt es eigentlich?

Mit freundlichem Gruß
Andrew Metcalfe (9 Jahre)

396? Gut gemacht! Wie hast du es angestellt, dass du nicht denselben zweimal zählst? Das möchte ich mal wissen!

Jedenfalls gibt es, wie du dir wahrscheinlich schon ge-dacht hast, sehr viel mehr Sterne. In einer klaren Nacht und mit guten Augen dürfte man an die 6000 sehen. Aber das ist nur ein Anfang. Wenn du ein Fernrohr in die Hand bekommst und es auf eine Stelle des Himmels richtest, an der scheinbar nur we-nige Sterne sind, wirst du aus dem Staunen nicht rauskommen: Du siehst Unmengen von Sternen. Die ›neu hinzugekommenen‹ sind so weit weg, dass sie zu schwach leuchten, um mit bloßem Auge erkannt zu werden. Durch das kleine ›Fenster‹ in deinem Auge, das wir *Pupille* nennen (die schwarze Scheibe in der Augenmitte) kann nicht genug Licht gelangen. Doch ein Fernrohr mit seiner großen Linse oder seinem großen Spiegel kann viel mehr Licht aufnehmen. Deshalb werden durch ein Fernrohr die schwächeren Sterne sichtbar. Und je größer das Fernrohr, desto mehr Sterne kann man sehen, da es selbst noch schwächeres Licht von noch weiter entfernten Sternen aufnimmt.

So ist es überall am Himmel. Überall sind Massen von schwach leuchtenden Sternen. Besonders in der Milchstraße. Das ist ein ausgedehntes Lichtband, das sich von dem einen Horizont quer über den Himmel zum gegenüberliegenden Horizont erstreckt. Du kannst es nur in sehr dunklen, klaren Nächten sehen und weit entfernt von Straßenlampen. Wohnst du in einer Stadt, wo von den Straßenlampen viel Licht reflektiert wird, dürftest du Schwierigkeiten haben, die Milchstraße überhaupt zu erkennen. Milchstraße wird sie genannt, weil sie so aussieht: Es scheint, als hätte der Milchmann einen Unfall gehabt und sehr dünne (wahrscheinlich entrahmte) Milch über den Himmel gespritzt.

Was ist die Milchstraße nun tatsächlich? Warum leuchtet sie schwach? Sie ist voll von Sternen – so viele Sterne, dass man sie nicht einzeln ausmachen kann. Ihr Licht summiert sich und bewirkt ein gemeinschaftliches Leuchten.

Doch zurück zu deiner Frage: Wie viele Sterne gibt es?

100 Milliarden!

Puuhh!! Wie sollen wir uns eine so große Zahl vorstellen? Nimm mal an, wir wollen jedem Stern einen Namen geben. Das ist doch nur recht und billig, oder? Schließlich hat unser Stern ja einen Namen: die SONNE. Das würde nun bedeuten, dass jeder Mann, jede Frau und jedes Kind auf der Erde sich 20 Sternennamen ausdenken müssten – keiner davon dürfte doppelt sein. So viele Sterne gibt es!

Sie sind alle in einer großen, flachen Scheibe versammelt – wie eine CD (nur ist an *dieser* Scheibe nichts kompakt). Sie ist riesig! Erinnerst du dich, dass wir uns die Erde (der Mensch auf dem Sofa) einen Meter von der Sonne entfernt (das Kaminfeuer) vorgestellt haben? Und dass in diesem Maßstab der nächste Stern 250 Kilometer entfernt wäre? Lass nun diese 250 Kilometer in deiner Vorstellung so weit zusammenschrumpfen, dass der nächste Stern nur *einen Meter* von der Sonne entfernt wäre. In diesem neuen Maßstab wäre der am weitesten entfernte Stern in der Scheibe 25 Kilometer weit weg!

Die Scheibe wird Galaxis oder Milchstraße genannt. Unsere Sonne befindet sich auf etwa zwei Drittel des Weges vom Zentrum zum Rand der Milchstraße. Blicken wir hinauf, schauen wir in Richtung Zentrum, wir schauen vom galaktischen Rand her auf die Scheibe. Deshalb sind in dieser Richtung so viele Sterne.

Es gibt also Unmengen von Sternen. Doch ich bin noch nicht zu Ende. Lies weiter …

Wie viele Galaxien gibt es?

8 Jahre, Yasseen

Ich habe von *der Galaxis* gesprochen. Doch du hast ganz Recht, Yasseen, es gibt mehr als eine Galaxie. Es gibt Massen. Schwer auszumachen, wie viele, denn je größer das Fernrohr, desto schwächer die Galaxien, die wir bei unserem immer weiteren Vordringen in den Raum sehen.

Doch man nimmt an, dass es vermutlich ebenso viele Galaxien gibt wie Sterne in unserer Milchstraße: 100 Milliarden!

Nun stellen wir fest: Um jeder Galaxie einen Namen zu geben, müsste jeder Mann, jede Frau und jedes Kind auf der Erde 20 Namen präsentieren – keiner davon doppelt.

Und, jawohl, jede dieser Galaxien hat ungefähr 100 Milliarden Sterne.

Wie gesagt, es gibt *Unmengen* von Sternen.

Ich würde gern die Antwort auf meine Frage wissen, weil ich die nämlich sehr interessant finde. Also: Warum bewegt sich die Sonne nicht?

Abdul (11)

Eine der interessanten Seiten am Beruf des Wissenschaftlers ist es, wenn man merkt, dass man sich geirrt hat! Zuerst dachte man, die Erde sei flach. Tatsächlich ist sie aber rund. Dann dachte man, die Erde stünde still und die Sonne würde sich um sie drehen. Doch das war wieder falsch – es ist die Sonne, die still steht, und die Erde dreht sich um sie. Die Erde rast mit einer Geschwindigkeit von 30 Kilometern pro Sekunde um die Sonne – das ist mehr als hundertmal schneller als ein Jumbojet fliegt. (Kommt einem gar nicht so vor, oder?)

Nun liegen wir schon wieder falsch! Die Sonne steht *nicht* still. Sie gehört zur Milchstraße und die Milchstraße dreht sich; sie dreht sich langsam um ihren Mittelpunkt wie ein Riesenkarussell. Also bewegt sich die Sonne langsam um das Zentrum der Milchstraße. Wenn ich sage ›langsam‹, meine ich damit, dass es lange dauert, bis sie rundherum ist – 200 Millionen Jahre für eine volle Umdrehung. Das kommt daher, dass sie einen langen Weg zurücklegen muss.

Tatsächlich bewegt sich die Sonne (mit ihren Planeten) ziemlich schnell: 300 Kilometer pro Sekunde um das Zentrum der Milchstraße. Das ist zehnmal schneller als die Geschwindigkeit der Erde auf ihrer Kreisbahn um die Sonne. Puh!

Und nicht einmal das Zentrum der Milchstraße steht still; es bewegt sich mit noch höherer Geschwindigkeit durch den Weltraum: mit 600 Kilometern in der Sekunde.

Ich freue mich darauf, Sie nächsten Monat ken-
nen zu lernen. Die Fragen, die ich Ihnen stellen
möchte, sind folgende:
1. Wenn neue Sterne entstehen, was passiert
   dann mit den alten?
2. Ich habe eine Sternschnuppe gesehen. Was
   wird aus ihr, nachdem ich sie nicht mehr se-
   hen kann?

Mit freundlichen Grüßen
Hannah (11 Jahre)

Wenn ein Stern alt wird, kommt er an den Punkt, wo
er seinen Brennstoff weitgehend aufgebraucht hat.
Sein nukleares Feuer ist allmählich am Verlöschen.
Nun, ich weiß nicht, wie es dir geht, ich jedenfalls
hätte mir vorgestellt, der Stern würde dann still verglühen – wie ein Lagerfeuer, das langsam ausgeht,
wenn kein Holz mehr da ist. Aber nein! Wir erleben
eine Überraschung. Ein Stern von der Masse der
Sonne kühlt im Alter ab; er wird rot glühend, ist nicht
mehr, wie gewöhnlich, weiß glühend. Wie ich Ahmed
erklärt habe (Seite 23), wird er jedoch größer. Sein
glühendes Gas dehnt sich aus. Die Sonne wird eines
Tages so groß werden, dass sie die Erde fast verschluckt. Einen Stern in diesem Stadium nennt man
Roten Riesen.
Das Nächste ist, dass dieser Stern seine äußeren
Schichten abstößt; zurück bleibt eine kleine weiße,
heiß glühende Kugel im Zentrum. Das ist das ko-

chend heiße Innerste des Sterns. Man nennt es *Weißer Zwerg*. (Wissenschaftler denken sich gute Namen aus, findest du nicht?) Der Weiße Zwerg glüht dann langsam aus (endlich!) und wird kalt.

Das gilt für einen Stern wie die Sonne. Sehr viel massivere Sterne verlöschen mit einem Knall – wirklich, ich meine: PENG! Eben sehen sie noch völlig normal aus. Dann, ohne jede Ankündigung, gibt es eine gewaltige Explosion. Für kurze Zeit leuchtet dieser eine einzige, sterbende Stern so hell wie alle Sterne der Galaxie zusammen. Welch ein Abgang!

So eine Explosion nennt man *Supernova*. Danach lässt sich nah am ehemaligen Zentrum des Sterns möglicherweise ein *Neutronenstern* beobachten. Das ist eine dichte, schwere Kugel mit einem Durchmesser von etwa 20 Kilometern. Wenn ich sage ›dicht und schwer‹, meine ich: Ein Bröselchen von diesem Zeugs in der Größe eines Salzkorns würde so viel wiegen wie 10 000 zusammengequetschte Lastwagen! Und Neutronensterne drehen sich. Und wie die sich drehen! Manche wirbeln pro Sekunde mehrere hundert Male um sich selbst. Wir mögen auf unserer sich drehenden Erde nicht schwindlig werden, doch nach einer Runde auf einem Neutronenstern wären wir gewiss nicht mehr in der Lage, geradeaus zu gehen!

Das ist *eine* Möglichkeit, was man an der Stelle, wo früher der alte Stern war, vorfinden könnte. Eine andere ist noch merkwürdiger. Manche alte Sterne hinterlassen ein *Schwarzes Loch*. Du hast bestimmt schon davon gehört. Es passiert folgendes: Während ein Teil des Sterns durch die Supernova-Explosion davongeschleudert wird, schrumpft das meiste davon durch die eigene Schwerkraft zu einem Punkt zusammen, kleiner als eine Nadelspitze. Von da an wird alles, was dicht an diesem Schwarzen Loch vorbeikommt, wahrscheinlich eingesogen und zermalmt.

Du hattest doch noch eine Frage? Ach, ja ... Sternschnuppen. Ich finde sie wunderschön. Hast du gewusst, dass es bestimmte Nächte gibt, in denen man sie sehen kann – Zeiten, in denen voraussichtlich mehr als sonst fallen? Am 10. und 11. Dezember jeden Jahres gehe ich bei klarem Himmel grundsätzlich hinaus und sehe nach. In diesen Nächten kann man meistens mit einer Sternschnuppe pro Minute rechnen. Man muss die Augen offen halten. Sie schießen sehr, sehr schnell über den Himmel. Sie kommen ohne Ankündigung und man weiß nie genau, in welchem Teil des Himmels sie auftauchen werden.

Das Wesentliche an Sternschnuppen ist, dass sie *keine* Sterne sind. Obwohl sie scheinbar hell wie Sterne leuchten, sind sie keine großen Feuerbälle, weit entfernt im Raum. Vielmehr sind es kleine, feste Teilchen, im allgemeinen nicht größer als Weizenkörner. Sie wirbeln seit Milliarden von Jahren durch den Weltraum bis sie – ihr Pech – in die Erdatmosphäre eindringen. Dann dauert es nur ein, zwei Sekunden, bis sie verglühen. Aus dieser glühenden Spur besteht die ganze Sternschnuppe. (Da es sich dabei nicht wirklich um einen Stern handelt, haben Wissenschaftler für diese Leuchtspur eine andere Bezeichnung: *Meteor*.)

Warum glühen die Teilchen? Reibung. Du weißt, dass

man sich an einem kalten Tag die Hände wärmen kann, indem man sie aneinander reibt? Das nennt man *Reibungswärme*. Tritt nun das Teilchen in die Atmosphäre ein, befindet es sich in schneller Bewegung – zig Kilometer pro Sekunde. Wenn es sich an der Luft reibt, erhitzt es sich bis zu dem Punkt, wo es hell leuchtet, schmilzt und verglüht. Und das ist sein Ende.

Ist das Teil größer, schafft es sein Kern vielleicht bis zur Erdoberfläche, bevor er ganz verglüht ist. Solche Gesteinsbrocken aus dem Weltall nennt man *Meteoriten*.

Ich bin 6 Jare. ich bin in der pysik-grupe.
ich will wissen, wifile auserirdische es gipt
und wo die leben?

viele grüse von Laura

Eins ist sicher: Auf den anderen acht Planeten, die
um die Sonne kreisen, gibt es keine außerirdischen
Wesen. Die Erde ist der einzige Ort, der die geeignete
Temperatur hat. Die anderen sind entweder zu nah an
der Sonne oder zu weit von ihr entfernt.
Doch es gibt natürlich massenhaft andere Sonnen
oder Sterne. MASSENHAFT! Sie sind genauso wie
die Sonne entstanden – durch eine Wolke aus Staub
und Gas, die sich unter der Schwerkraft verdichtet
hat. Viele von ihnen werden Planeten haben, die sie
umkreisen – aus demselben Grund, warum unsere
Sonne Planeten hat. Wiederum werden die meisten
davon zu heiß oder zu kalt sein – aber manche sind
vielleicht genau richtig. Sicher gibt es viele der Erde
ähnliche Planeten im Weltraum – vielleicht Milliarden
und Milliarden. Natürlich können wir nicht *absolut*
sicher sein, bevor wir sie gesehen haben. Doch es ist
die beste Schätzung, die wir bis jetzt zustande bringen.
Gibt es Leben auf ihnen? Wie sich Leben auf der
Erde entwickelt hat, darüber wissen wir viel, doch
nicht genug, um sagen zu können, ob es sich bei ge-
eigneten Bedingungen *zwangsläufig* entwickeln muss.
Unser Erdenleben könnte ein einziger großer Zufall

gewesen sein. War es ein Glückstreffer, sind wir Menschen hier auf der Erde vielleicht die einzige Form von intelligentem Leben im ganzen Universum. Aber ich denke, das ist ein bisschen eingebildet. Wie viele andere Wissenschaftler setze ich darauf, dass es eine ungeheure Anzahl von außerirdischen Wesen da draußen im Weltraum gibt.

Wenn das der Fall ist, haben uns dann schon einmal welche hier auf der Erde besucht? Trotz all dem Gerede von UFOs halte ich das für unwahrscheinlich. Die Entfernung zwischen der Sonne eines Außerirdischen und unserer Sonne ist so riesengroß, dass die Weltraumtechnologie an ihre Grenze stoßen würde – und offen gesagt, ich glaube nicht, dass sie sich mit uns abgeben würden. Immerhin, wenn ihre Technologie *so* gut ist, können sie wahrscheinlich unsere Radio- und Fernsehübertragungen abhören. Jetzt frage ich dich: Glaubst du wirklich, dass ein Außerirdischer, der eine unserer typischen Talkshows einschaltet, denken wird: ›Mann, was für gescheite, tüchtige und interessante Wesen! Es würde sich lohnen, zig Milliarden Kilometer zu reisen, um so ein kluges Gespräch zu führen‹?

Der Anfang der Welt

Hallo! Ich heiße Krystle Lakee. Vielleicht erin-
nern Sie sich an meinen Namen von dem Brief
her, den ich Ihnen mal geschrieben habe?
Weil Sie ein sehr intelligenter Mensch sind, will
ich Ihnen Fragen stellen über Weltraum und
Menschen: Wie ist eigentlich die Geschichte vom
Urknall aufgekommen? Und wer hat davon be-
richtet? Ein Mädchen, ein Junge, ein Mann oder
eine Frau? Danke, dass Sie meinen Brief gele-
sen haben.

> *Die besten Wünsche von*
> *Krystle Lakee (11 Jahre)*

Es ist eine merkwürdige Sache mit den Galaxien: Sie
bewegen sich voneinander *weg*. Edward Hubble, ein
amerikanischer Astronom, hat festgestellt: Je weiter
weg eine Galaxie ist, desto schneller entschwindet sie
in die Ferne. Spinn den Gedanken weiter und du
kommst zu dem Ergebnis, dass sie alle irgendwann
verschwunden sein werden!
Warum jagen sie auseinander? Weil das Universum zu
Beginn ganz in sich zusammengedrückt war und dann

plötzlich EXPLODIERTE. Die Materie, die dabei am schnellsten hervorgeschossen kam, fliegt am weitesten davon. Und genau das beobachten wir. Die Explosion wird Urknall genannt.

Doch wie können wir *sicher* sein, dass es einen Urknall gab? Wenn wir Recht haben, muss der Knall ganz gewaltig gewesen sein. Gewaltige Explosionen sind heiß; sie geben riesige Mengen von Hitze und Licht ab – wie es bei einer Bombenexplosion der Fall ist. Der Lichtblitz, der beim Urknall entstand, muss im Universum immer noch vorhanden sein – irgendwo. Er kann nirgendwo anders hin! Gut, er wird sich vor langer Zeit abgekühlt haben; du wirst nicht erwarten, dass du ihn immer noch sehen kannst. Heutzutage gleicht er wohl eher Radiowellen oder solchen, wie man sie sich in Mikrowellenherden zunutze macht. Die kann man ja auch nicht sehen. Doch mit dem richtigen Gerät (einem Walkman?) kann man unsichtbare Radiowellen aufspüren.

Arnold Penzias und Robert Wilson, zwei weitere amerikanische Wissenschaftler, entdeckten als Erste die Strahlung, die vom Urknall herrührt. Sie strahlt immerzu auf uns nieder, Tag und Nacht. Sie verursacht Störungen im Fernsehen. Ist dein Fernseher nicht richtig auf die Fernsehstation eingestellt, hast du einen gestörten Empfang – das Bild sieht aus wie ein Schneesturm. Ungefähr eine von hundert dieser ›Schneeflocken‹ rührt vom Lichtblitz aus dem Urknall her. Tolle Vorstellung, hm? Du hast bestimmt nicht geahnt, dass du einen Urknalldetektor bei dir zu Hause hast!

So also ist die Geschichte vom Urknall aufgekommen.

Ich weiß nicht, ob Sie die Antwort auf meine Frage wissen, aber vielleicht lohnt sich der Versuch ja. Also: Wissen Sie, wie alt das Universum ist? Bitte, bitte versuchen Sie zu antworten, denn das will ich schon seit Ewigkeiten mal wissen. Hoffentlich schreiben Sie weiter so gute Bücher!

Viele liebe Grüße
Rosie Bunker (9 Jahre)

Jawohl, Rosie, der Versuch hat sich gelohnt, denn ich weiß die Antwort tatsächlich – zumindest weiß ich die ungefähre Antwort. Sie lautet:

15 Milliarden Jahre!

›Wie kann er das bloß wissen? Wo sind die Zeugen?‹, höre ich dich fragen. Nein, Zeugen waren keine dabei. Menschen traten ja erst vor ein paar Millionen Jahren auf. (Komisch, wie man in diesem Zusammenhang darauf kommt, dass ein paar Millionen Jahre *nur* ein paar Millionen Jahre sind.) Wie also kommen wir auf diese Zahl?

Die Galaxien fliegen – wegen des Urknalls – immer noch voneinander weg. Je weiter sie entfernt sind, desto schneller bewegen sie sich. Eine Galaxie, die fünfmal so weit weg ist wie eine andere, wird sich fünfmal so schnell bewegen; zwanzigmal so weit weg, zwanzigmal so schnell usw. Man muss nun nicht gerade ein Rechenkünstler sein, um aus diesen Relationen abzuleiten, dass, dreht man in Gedanken die

Zeit *zurück*, ein Punkt erreicht wird, wo sich sämtliche Galaxien an derselben Stelle befanden. Da bekannt ist, wie schnell sich die Galaxien bewegen und welche Entfernung sie zurücklegen müssten, bis alle wieder beisammen wären, kann außerdem berechnet werden, *wie lange das alles dauert.* Das wiederum verrät uns, *wann* der Urknall stattgefunden hat, und das war vor 15 Milliarden Jahren. So also berechnet man das Alter des Universums – vorausgesetzt, es ist im Moment des Urknalls entstanden.

Ich schreibe Ihnen, weil ich mich sehr für Naturwissenschaft interessiere. Können Sie mir bitte folgende Frage beantworten: Wo ist der Mittelpunkt des Universums?

Christopher Moore (10 Jahre)

Kenne ich deine Schrift nicht? Ich glaube, du hast mir früher schon mal geschrieben.

Es ist eine gute Frage. Bei der Vorstellung, dass das Universum mit einem großen Knall angefangen hat, sollte man meinen, irgendwo muss die Explosion doch stattgefunden haben. Es müsste ja wohl eine Stelle geben, wo man hinfahren könnte, eine Stelle mit einem Hinweisschild: ›Hier fand im Jahre 15 000 000 000 000 v. Chr. der Urknall statt.‹ Daneben müsste ein Andenkenladen sein – und ein Café.

In Wirklichkeit ist der Urknall aber viel interessanter und rätselhafter. Es war keine gewöhnliche Explosion – nicht so eine, bei der an einer bestimmten Stelle eine Bombe hochgeht und dabei ihre Trümmer in den umliegenden Raum schleudert. Bei *dieser* Art von Explosion kann man haargenau bestimmen, wo die Bombe ursprünglich gewesen sein muss.

Der Urknall war eine ganz besondere Explosion – die einzige ihrer Art. Zur Zeit des Urknalls war nicht nur alle Materie des Universums in einem Punkt zusammengedrückt, sondern es war auch *der ganze Raum in einem Punkt zusammengedrückt*. Es gab keinen Raum außerhalb des Urknalls. Das bedeutet, wir müssen

94

uns vorstellen, dass der Urknall *überall* stattfand. Und weil – als der Raum in einem winzigen Punkt zusammengedrückt war – der Urknall einfach überall stattfand, kann man nicht an eine bestimmte Stelle als Zentrum des Universums denken, einen Punkt etwa, an dem der Urknall losging und von dem aus nun alle Galaxien davonjagen.

Genau wie du brauche ich Hilfe, wenn ich mich mit dieser schwierigen Vorstellung befassen will. Ich mache folgendes: Ich stelle mir einen Ballon vor. Am Anfang ist er ganz klein.

Beim Aufblasen jedoch wird er größer ... und größer. Falls auf dem Ballon zwei Fliegen landen, stellen sie fest, dass sie sich immer weiter auseinander bewegen. Nicht etwa, dass sie voreinander weglaufen, sie entfernen sich voneinander, weil sich der Gummi zwischen ihnen ausdehnt.

Genauso ist es mit den Galaxien: Die Entfernung zwischen ihnen nimmt nicht deshalb zu, weil sich die Galaxien durch den Raum bewegen, sondern weil der Raum zwischen ihnen größer wird, und während er größer wird, trägt er die Galaxien mit sich fort. Der Raum wird auch jetzt noch größer, wie schon die ganze Zeit vom Augenblick des Urknalls an.

Ebenso wenig wie du auf der Oberfläche des Ballons einen bestimmten Punkt benennen kannst, von dem aus der ganze Gummi sich ausdehnt (›Mittelpunkt der Ballonoberfläche‹), kannst du im Universum einen bestimmten Punkt auswählen, von dem aus der ganze Raum angefangen hat, sich auszudehnen (›Mittelpunkt des Universums‹).

Wissenschaftler sagen, die Welt ist durch einen Urknall im Sonnensystem entstanden, doch in der Bibel heißt es, Gott schuf die Welt in sieben Tagen. Was stimmt nun?

Mit freundlichen Grüßen
Oliver Pipe (10½ Jahre)

Zuerst möchte ich mal darauf hinweisen, dass der Urknall nicht nur im Sonnensystem stattgefunden hat. ›Sonnensystem‹ ist der Ausdruck, mit dem wir die Sonne und die um sie kreisenden Planeten bezeichnen. Wie wir heute wissen, ist das nur ein winziges Eckchen des Universums, nicht außergewöhnlicher als jeder andere Teil davon. Der Urknall fand überall statt, wie ich eben Christopher erklärt habe.

Doch wie ist die Sache mit der Bibel?

Wenn du in eine Bibliothek gehst, findest du dort alle möglichen Bücher: Kinderbücher, Krimis, Horrorgeschichten, Gedichte, geschichtliche Werke, Wörterbücher, Reisebücher, wissenschaftliche Bücher usw. Wichtig ist, dass du weißt, welche Art von Buch du dir ausgesucht hast. Es wäre dumm, eine Horrorgeschichte zu lesen, als handele es sich um ein geschichtliches Buch. Oder ein Buch mit Gedichten so zu lesen, als ginge es um Wissenschaft.

Bevor man also mit der Bibel daherkommt, muss man sich überlegen, zu welcher Art von Büchern sie gehört. In Wirklichkeit ist die Bibel nicht *ein* Buch – sie ist eine *Sammlung* von Büchern – eine ganze Bibliothek unterschiedlicher Bücher. Und keins davon ist ein wissenschaftliches! (Die Menschen hatten damals noch kein besonderes Interesse an Wissenschaft.)

Wenn es darin heißt, Gott schuf die Welt in sieben Tagen, so ist der Kernpunkt nicht das mit den ›sieben Tagen‹, sondern die Tatsache, dass es Gott war, der die Welt schuf; er erschuf das Universum und alles, was darin ist – einschließlich uns. Du und ich, wir würden also ohne Gott gar nicht existieren; ihm verdanken wir alles. Und das bedeutet, dass wir ihm dankbar sein müssen und unser Leben so leben, wie er es von uns verlangt. Darum geht es in der Bibel – nicht darum, *wie* er die Welt nun eigentlich gemacht hat. Um *das* zu erfahren, müssen wir uns an die Wissenschaft wenden.

Das alles setzt natürlich voraus, dass es einen Gott gibt. Ich glaube, es gibt einen, andere Menschen glauben es nicht. Darüber wirst du dir ganz allein klar werden müssen!

Ich interessiere mich sehr für den Weltraum und würde gern wissen, ob es viele Universen gibt oder nur unseres?

Schöne Grüße von Fatima Meho (11)

Das ist schwer zu sagen. Zuerst einmal kommt es darauf an, was man unter dem Wort ›Universum‹ versteht.

Mit immer stärkeren Fernrohren können wir immer noch entferntere Galaxien erkennen; das heißt, wir können immer weiter und tiefer in den Weltraum schauen. Doch es gibt eine Grenze. Der Grund dafür hat mit der Tatsache zu tun, dass Licht eine bestimmte Zeit braucht, um von einem Ort zum anderen zu gelangen. Von der Sonne zur Erde braucht das Licht acht Minuten; vom nächsten Stern bis hierher braucht es vier Jahre. Wie lange höchstens kann Licht zu uns unterwegs sein? Antwort: So lange, wie die Entstehung des Universums zurückliegt. Klar, dass es nicht länger unterwegs sein kann. Es lässt sich also nicht annehmen, dass wir Licht empfangen, das schon länger als 15 Milliarden Jahre unterwegs ist. Das wiederum bedeutet, es kann nicht aus einer größeren Entfernung kommen als aus der, die Licht in einer solchen Zeit zurücklegen kann. Von den Dingen, die in noch größeren Entfernungen existieren, können wir nichts wissen. Von allem, was *innerhalb* dieser Entfernung liegt und wovon wir Licht empfangen *können*, sagt man, es gehört zum ›sichtbaren Universum‹.

Doch man vermutet, dass mehr als das existiert. Warum? Nun, im Lauf der Zeit empfangen wir Licht, das aus immer größeren Entfernungen zu uns kommt, und zwar deshalb, weil es immer länger Zeit hat für seinen Weg. Das sichtbare Universum nimmt mehr und mehr auf von dem, was *außerhalb* liegt. Man kann also sagen, außer unserem sichtbaren Universum gibt es auch noch den ganzen Rest des Universums, draußen, weit draußen im Raum.

Das lässt jedoch immer noch die Frage offen, ob es Universen mit eigener Zeit und eigenem Raum gibt – Raum und Zeit, die nicht zu unserem Raum und unserer Zeit gehören. Wir wissen es einfach nicht. Und wir werden es *nie* wissen. Wenn andere Universen nicht zu unserer Zeit und unserem Raum gehören, gibt es keine Möglichkeit, je irgendwelche Botschaften von ihnen zu empfangen, je Kontakt mit ihnen aufzunehmen. Und ohne das haben wir nie einen Beweis, dass sie existieren.

Das Ende der Welt

***Können Sie mir bitte noch eine Frage
beantworten? Wie wird die Welt einmal enden?***

Christopher Moore (10)

Deine Schrift habe ich doch schon mal gesehen! Immer schreibst du mir, Christopher! Du bist entweder ein angehendes Talent, eine Nervensäge oder ein kleiner Junge, der sich viele Gedanken macht. Warum gehst du nicht raus und spielst ab und zu eine Runde Fußball?

Wie auch immer, deine Fragen sind gut, zweifellos. Du fragst: Wie wird die Welt enden? Solange du dir nicht falsche Vorstellungen machst, es könnte bald so weit sein (zum Beispiel im Jahre 2000), hör zu:

Wegen des Urknalls bewegen sich die Galaxien voneinander weg. Doch jede Galaxie zieht mit ihrer Schwerkraft jede andere Galaxie an. Das bedeutet, die Galaxien verlieren langsam an Geschwindigkeit. Wenn sie so weitermachen, kommen sie schließlich zu einem Stillstand – dann ist die Ausdehnung des Universums zu Ende.

Was passiert dann? Die Galaxien können ja nicht einfach so im Raum hängen bleiben. Immer noch werden sie von der jeweiligen Schwerkraft gegenseitig angezogen. Also bewegen sich die Galaxien von nun an langsam *aufeinander zu.* Das Universum dehnt sich nicht mehr aus, es fängt jetzt an zu schrumpfen. Das geht so lange, bis alle Galaxien in einem Haufen aufeinander stürzen. Das nennt man Endknall ...

PENG!

Aus mit dem Universum.

So also wird das Ende des Universums aussehen? Möglich. Es hängt davon ab, wie stark die Gravitationskräfte sind. Immerhin wird die gegenseitige Anziehungskraft schwächer, während das Universum sich ausdehnt und die Galaxien weiter auseinander driften. Es könnte sein, dass die Schwerkraft mehr oder weniger zu Nichts zerrinnt, *bevor* sie die Galaxien zum absoluten Stillstand bringen kann; in diesem Fall kommen die Galaxien ungeschoren davon: Die Ausdehnung geht weiter bis in alle Ewigkeit.

Was passiert dann? Die Sterne werden allmählich ihren ganzen Brennstoff aufbrauchen, ihr Feuer wird erlöschen. Wie ich Hannah schon erklärt habe (S. 81–84), bleibt von manchen Sternen nichts als glühende Asche, andere enden als kalte Neutronensterne, andere als schwarze Löcher. Zwischen ihnen wird sich kaltes Gas ausbreiten, das sich allmählich verdünnt und in den Raum entschwindet. Auf allen Planeten wird das Leben aufhören. Und das war es dann. Man nennt es den Hitzetod des Universums.

Zitter ...

Zitter ...

OK, wie wird es enden: mit Endknall oder Hitzetod? Offen gestanden, wir wissen es nicht. Alles hängt von der Stärke der Schwerkraft ab. Ist sie stark genug, die Ausdehnung zu stoppen, oder nicht? Um das zu beantworten, müssen wir wissen, wie viel Materie es im Universum gibt, denn Materie verursacht Schwerkraft. Je mehr Materie im Universum existiert, desto mehr Schwerkraft gibt es, das ist klar. Wie viel Materie ist also vorhanden? Es bereitet keine Schwierigkeiten, die Materie in den Sternen zu berechnen – das ist einfach. Das Problem: Wie steht es mit all den Körpern da draußen, die wir nicht sehen können, weil sie nicht leuchten? Man nennt sie *dunkle Materie* – aus nahe liegenden Gründen. Und es scheint geradezu Unmengen davon zu geben: Mindestens zehnmal so viel wie in den Sternen und Planeten, vielleicht hundertmal so viel. Wir wissen es bis jetzt einfach nicht. Das ist eins der ersten Dinge, die Jungen und Mädchen – die heutigen Schüler – als Wissenschaftler der Zukunft einmal herausfinden müssen.

Wäre ich ein wettbegeisterter Mensch, würde mein Geld und das der meisten Wissenschaftler auf den Hitzetod gesetzt werden. Ob es jedoch ein Hitzetod wird oder ein Endknall, mach dir darüber um Himmels willen keine schlaflosen Nächte. Es wird noch lange ... lange ... lange dauern.

Gott

Ich bin Hindu. In unserer Religion haben wir
viele Götter. Aber meine Frage ist: Wie viele
Götter gibt es auf der ganzen Welt?

Heena

Vor langer Zeit haben so ziemlich alle Menschen viele
Götter angebetet. Dann entstand allmählich die Vorstellung, dass es in Wirklichkeit nur einen einzigen
Gott gibt. Das ist heute der Glaube der Juden, Mus-
lime und Christen. Da ich Christ bin, ist es auch mein
Glaube.
Ich weiß nicht besonders viel über den Hinduismus,
doch ich weiß, dass eure Sicht der Dinge ziemlich an-
ders ist; wie du sagst, glauben Hindus an viele Götter.
Es ist das Problem mit Göttern (oder mit Gott), dass
sie unsichtbar sind. Wir können sie nicht in einer
Reihe zum Abzählen aufstellen! Es wird also nicht
einfach sein zu entscheiden, wer Recht hat.
Aber vielleicht spielt das gar keine so große Rolle?
Das Wesentliche ist doch sicher, dass wir uns über die
Existenz eines Gottes oder mehrerer Götter einig sind
und dass diese Existenz einen Einfluss darauf hat, wie

wir leben sollen. Zum Beispiel: Gott hat mir das Leben geschenkt und ich bin ihm dafür dankbar; du bist, aus dem gleichen Grund, einem deiner Götter dankbar. Ich zeige meine Dankbarkeit, indem ich Gott liebe und mich bemühe, so zu leben, wie er es von mir verlangt; du musst deine Götter lieben und so leben, wie es ihnen gefällt. Mein Gott kennt mich persönlich und liebt mich; dasselbe gilt für dich und deine Götter. Mein Gott lehrt mich, andere zu lieben; du erfährst das Gleiche von deinen Göttern. Mein Gott lehrt mich, dass es unrecht ist zu stehlen, zu töten, zu lügen, neidisch zu sein, stolz zu sein und so fort; du lernst ganz Ähnliches von deinen Göttern. Mein Gott verspricht mir ein anderes Leben nach dem Tod, und wie dieses Leben aussehen wird, hängt davon ab, wie ich mein Leben hier auf Erden verbringe; auch dir wird versichert, dass du auf ein anderes Leben hoffen kannst und dass es wichtig ist, wie du dein Leben hier lebst.

Diese Punkte sind es, die wirklich eine Rolle spielen. Wenn es auch durchaus Unterschiede zwischen uns gibt, so denke ich doch, dass wir beide Verbindung haben zu dem Rätsel, das – was immer es sein mag – jenseits dieser irdischen Existenz liegt.

Natürlich möchte ich als Christ ganz einfach, dass alle Menschen Jesus kennen lernen. Doch sorge ich mich nicht um solche, die gute Hindus sind wie du, sondern um Menschen, die gar keinen Gott kennen.

Ich würde gern wissen:
Wer bin ich und was bin ich?

Mit freundlichem Gruß
Rebecca (7 Jahre)

Puh! Das ist die GROSSE Frage. Manche Menschen versuchen ihr Leben lang, darauf eine Antwort zu finden, und kommen nicht dahinter. Andere scheinen keinen Gedanken daran zu verschwenden. Es freut mich, dass du schon in jungen Jahren anfängst, über solche Dinge nachzudenken. Wichtig ist, dass du für dich selbst entscheidest, was du für die beste Antwort hältst. Wie du dein Leben lebst, hängt von dieser Antwort ab.

Wir wollen einmal mit dem einfacheren Teil der Frage anfangen: *Was* bin ich?

Es gibt verschiedene Möglichkeiten, diese Frage in Angriff zu nehmen. Du könntest zum Beispiel fragen, was die Wissenschaft über dich zu sagen hat. Daraufhin könnte ich dich als eine wunderbare, komplizierte Zusammenstellung von Atomen beschreiben. Dein Gehirn ist ein starker Computer, dein Auge wie eine teure Kamera konstruiert, dein Ohr ist ein hochempfindliches Mikrofon. Dein Körper hat einen Thermostat, um deine Temperatur immer gleichmäßig zu halten, dein Herz ist eine Pumpe, so zuverlässig, dass sie 70 Jahre ohne Wartung funktioniert, du hast ein Immunsystem, das dich gegen das Eindringen aller möglichen schädlichen Bazillen und Viren verteidigt.

Wird dein Körper beschädigt, kann er sich selbst reparieren und so weiter. Was bist du für ein Prachtexemplar! Ein Jammer, dass wir unseren Körper so leichtfertig für selbstverständlich hinnehmen können.

Doch nun überlegen wir weiter. Wissenschaftler behaupten, dass wir Menschen von den gleichen Vorfahren abstammen wie die Affen. Das hat sich so ergeben im Lauf eines Prozesses, den man ›Evolution durch natürliche Auslese‹ nennt. Mit anderen Worten, wir sind eine Art von Tieren. Das finden manche Leute ein wenig anstößig. Sie stellen sich ganz gern vor, dass zwischen Mensch und Tier ein großer Unterschied ist. Mich persönlich irritiert das nicht im Geringsten. Es ist eine weitere Möglichkeit der Antwort auf deine Frage: Was bin ich? Ich bin ein Tier – aber ein ganz besonderes, intelligentes Tier.

Nun überlegen wir noch weiter. Wenn wir nachts zum Himmel aufschauen, sehen wir die Sterne und wir wissen, dass jeder Stern eine Sonne ist. Sie sind riesig. Und es gibt so viele. Kein Wunder, dass wir uns vor dem Universum klein vorkommen. Auf die Bewegungen von Sternen und Planeten hätte es keinen Einfluss, wenn du oder ich gar nicht existieren würden. So gesehen sind wir also gar nicht wichtig. ›Chemischer Abschaum auf der Oberfläche eines unbedeutenden Planeten‹, so hat ein Wissenschaftler uns beschrieben. Und in gewissem Sinne hat er Recht. Es ist eine weitere Möglichkeit, auf deine Frage zu antworten – eine Antwort, die uns ein Gefühl großer Bedeutungslosigkeit gibt.

Doch nun kommen wir zu etwas sehr Rätselhaftem.

Wir haben einen Verstand. Du nimmst in diesem Augenblick Gedanken und Gefühle wahr, du bist vielleicht glücklich oder traurig. Du kannst freundlich sein, zornig oder ungeduldig, du kannst lieben oder hassen. Du kannst entscheiden, wohin du gehen und was du als nächstes tun wirst. *Die Sonne kann nichts von all dem.* Sie kann nur in ständiger Bewegung im Raum treiben, während sie langsam um das Zentrum der Milchstraße kreist und dabei ihre Planeten mit sich herumzieht – und sie weiß nicht einmal, dass sie das tut. Warum nicht? Weil sie keinen Verstand hat. Es muss entsetzlich sein, keinen Verstand zu haben, findest du nicht? Stell dir vor, du hättest keine Ahnung, was alles so vor sich geht. Stell dir vor, du wüsstest nicht einmal, dass du lebst. Sagt dir das nicht, wie wichtig du bist, wie sehr es auf dich ankommt?

Wenn wir über den Verstand sprechen, kommt uns deine zweite Frage in den Sinn: *Wer* bin ich?

Denke ich über mich nach, sehe ich mich hauptsächlich als denkendes, fühlendes Wesen – und nicht nur als Körper. Würde ich taub oder blind werden oder durch einen Unfall einen Arm oder ein Bein verlieren, wäre ich immer noch ICH selbst. Genauso wäre es, wenn ich ein Herz transplantiert bekäme oder wenn ich mir von einem anderen Menschen eine Niere einpflanzen ließe. Tatsächlich könnte ich mir fast alles in meinem Körper auswechseln lassen (ausgenommen das Gehirn, das viel mit meinem Verstand zu tun hat) und würde trotzdem finden, ich sei derselbe. Mit einem fremden Körper wäre ich derselbe – nicht derselbe wäre ich mit einem fremden Verstand.

113

Weiter gehen viele Menschen gar nicht, wenn sie sich die Frage stellen: Wer bin ich? Sie geben sich zufrieden mit der Feststellung: Man ist ein Wesen, das eine Zeit lang hier auf der Erde lebt und dann stirbt. Sie fühlen sich uneingeschränkt und verbringen ihr Leben ganz so, wie es ihnen beliebt. Und wenn sie sterben, ist es aus mit ihnen.

Religiöse Menschen wie ich sehen die Dinge anders. Wir glauben, dass es einen Gott gibt (oder Götter). Gott hat uns zu einem bestimmten Zweck erschaffen. Unser Leben gehört uns nicht allein, deshalb dürfen wir damit nicht tun, was wir wollen. Wir müssen Gott lieben und diese Liebe in unserem Umgang mit anderen Menschen beweisen. Gott hat uns gelehrt, ihn ›Vater‹ zu nennen. Er ist unser Himmlischer Vater. Das ist also eine weitere mögliche Antwort, und ich denke die wichtigste, auf die Frage: *Wer bin ich?* Wir sind Söhne und Töchter Gottes.

Gibt es lebende Wesen auf anderen Planeten?
Bitte strengen Sie sich an, damit Sie die Ant-
wort rauskriegen. Wenn es welche gibt, glauben
die wohl an Götter? Bitte erklären Sie es, so gut
Sie nur können.

von Tony Finn (11 Jahre)

Wie ich bereits Katie erklärt habe (S. 126–128),
denke ich schon, dass es auf anderen Planeten wahrscheinlich Formen von Leben gibt, die genauso intelligent und entwickelt sind wie wir Menschen hier auf
der Erde. Wie wir werden sie miteinander kommu-
nizieren und ihre Erfahrungen und Kenntnisse miteinander teilen. Haben sie erst einmal dieses Stadium
erreicht, können sie sich auch mit anderen Dingen
befassen als nur mit der Sorge um Nahrung, Behau-
sung und Geschlechtspartner.
Es würde mich sehr wundern, wenn sie dann nicht
auf Fragen kämen wie: ›Worum geht es eigentlich?
Woher kommen wir? Wozu sind wir da? Was ist, wenn
wir sterben? War das nun alles?‹ Und dann werden
manche anfangen zu überlegen, ob es einen Gott
(oder Götter) gibt. Sie werden anfangen, mit Gott zu
sprechen und auf ihn (oder sie) zu hören.
Sollten wir je Außerirdischen begegnen, wird die
spannendste Frage an sie wohl sein, wie sie über Gott
denken. Insbesondere Menschen, die Christen sind
wie ich, glauben ja, dass Gott selbst als einer von uns
auf die Erde gekommen ist – Jesus. Ist er dann auch

als einer von ihnen auf *ihren* Planeten gekommen?
(Und wenn ja, wie sind sie mit ihm umgegangen? Wir
jedenfalls haben Jesus übel mitgespielt.)

Fliegen und Raumfahrt

Können Sie mir bitte erklären, wie Flugzeuge aufsteigen?

Adil (7 Jahre)

Zuallererst mal braucht ein Flugzeug einen Motor. Er saugt vorne Luft ein und stößt sie hinten aus. So kann sich das Flugzeug an der Luft festhalten und vorwärts ziehen.

So weit, so gut. Doch es passiert weiter nichts, als dass wir über die Rollbahn sausen – wir haben noch nicht abgehoben. Wie geht das vor sich? Hier spielen nun die Flügel eine Rolle. Die Luft drückt aufwärts gegen die Unterseite des Flügels und dadurch wird das Flugzeug in den Himmel gehoben.

Aber warum macht die Luft das? Warum drückt sie nach oben und nicht nach unten (oder überhaupt nirgendwohin)? Die Antwort liegt in der raffinierten Form des Flügels. Betrachtest du das Flugzeug von der Seite, kannst du vielleicht erkennen, dass der Flügel gekrümmt ist: oben abgerundet, unten eher platt. Tatsächlich kann der Pilot die Form des Flügels verändern, indem er die beweglichen Teile an der Rückseite, die sogenannten ›Klappen‹, verstellt. Wenn diese herausgeschoben sind, hängen sie nach unten und machen so den Flügel von unten hohl. Als Folge davon strömt während der Bewegung des Flugzeugs die Luft oberhalb der abgerundeten Flügeloberfläche ungehindert vorbei, während sich die Luft auf der Unterseite leicht in dem Hohlraum verfängt. Dadurch sammelt sich die Luft unter dem Flügel und wird hier dichter als die Luft oberhalb. Es drückt also mehr Luft von unten gegen den Flügel, als Luft von oben dagegen drückt – das Flugzeug steigt auf.

So haben sie es mir erklärt, die Flugzeugbauer. Und sie haben sicher Recht. Es ist eine sehr logische Erklärung. Aber ich weiß nicht. Jedes Mal, wenn ich eine dieser riesigen Metallkisten sehe, wie sie schwerfällig über die Rollbahn rumpelt, vollgestopft mit Menschen, Gepäck, zollfreiem Alkohol, Essen in Plastikgeschirr, Toiletten usw., muss ich unweigerlich denken: Zu dumm. Ich werd's nie begreifen. Wie kann *Luft* dieses ganze Zeug in der Schwebe halten? Aber sie hält es! Verrückt!

Bitte erklären Sie mir, warum ein Flugzeug nicht im Weltraum fliegen kann.

Daniel (7 Jahre)

Je höher man steigt, desto dünner wird die Luft. Am Ende ist überhaupt keine Luft mehr da. Dann ist man im *Raum*.

Doch ein Flugzeug braucht Luft, um sich daran vorwärts zu ziehen. Keine Luft, kein Flugzeug.

Will man in den Raum fliegen, muss man deshalb nach einer anderen Möglichkeit suchen, einer Rakete. Eine Rakete ist so etwas wie ein fliegendes Gewehr. Kommt beim Gewehr die Kugel aus der Mündung geschossen, macht das Gewehr einen Ruck in die entgegengesetzte Richtung. Das Gewehr stößt die Kugel nach vorn, doch die Kugel stößt gleichzeitig das Gewehr nach hinten. Das nennt man ›Rückstoß‹. Natürlich kommt das Gewehr nicht mit derselben Geschwindigkeit in deine Hand zurückgeflogen, mit der die Kugel davonschnellt – zum Glück! Das kommt daher, weil es schwerer ist als die Kugel.

Dasselbe geschieht in einer Rakete. Und zwar ist es so, dass das Raketentriebwerk Gas erhitzt und dann ausstößt. Es drückt gegen das Gas und das Gas drückt seinerseits gegen die Rakete. Der ›Rückstoß‹ der Rakete erfolgt in entgegengesetzter Richtung zum Ausstoß des Gases. Wenn also das Gas aus dem rückwärtigen Ende strömt, fliegt die Rakete in der Vorwärts-Richtung. Die Gase sind viel leichter als die Ra-

121

kete (genau wie die Kugel leichter ist als das Gewehr), deshalb müssen sie enorm schnell herauszischen – sie müssen heiß sein –, damit ihr Rückstoß kräftig genug wird, um die schwere Rakete in Bewegung zu setzen. Daher ist eine Rakete nicht auf Luft angewiesen. Sie hat für den Antrieb ihren eigenen Gasvorrat dabei.

Warum haben Astronauten Raumanzüge an?
Können Sie mir das bitte erklären?

Max (8 Jahre)

Astronauten müssen atmen wie alle Menschen. Luft enthält ein Gas namens ›Sauerstoff‹. Wir müssen ständig Sauerstoff einatmen, um am Leben zu bleiben. Das Problem ist, dass es im Weltraum keine Luft gibt.

Astronauten müssen ihren Sauerstoffvorrat mitnehmen. Die Kabine ihres Raumfahrzeugs ist mit Sauerstoff ausgestattet, deshalb können sie hier ganz normal atmen. Verlassen sie jedoch das Raumschiff für einen Spaziergang im All, müssen sie gut verschlossene Raumanzüge und Helme anlegen. An den Rücken wird ein Behälter geschnallt, aus dem der kostbare Sauerstoff in den Helm des Astronauten strömt.

Können Sie mir bitte sagen, warum es im Weltraum keine Luft gibt?

Vielen Dank von William Goock

Das liegt an der Schwerkraft – wieder mal. Die Erde, die Sonne und alle anderen Planeten ziehen die Luft und alle übrigen Gase aus dem Weltraum an, wie sie auch alles andere anziehen. Deshalb hält sich die Luft dicht über der Erdoberfläche und ist nicht gleichmäßig im Raum verteilt.

Nun könnte man meinen, dass zuletzt alle Luft platt auf dem Boden liegt – genauso wie Regentropfen von der Schwerkraft heruntergezogen werden und als Pfützen enden. (Wäre das der Fall, müssten wir unser Leben krabbelnd auf Händen und Knien verbringen und mit der Nase am Boden schnüffelnd die Luft einziehen!) Es ist nicht so, weil Luft ein *Gas* ist. Und eins der Merkmale von Gasen ist es, dass ihre kleinsten Teilchen, die sogenannten Moleküle, dauernd wie verrückt umherwirbeln; sie können keine Minute still sitzen (wie etliche mir bekannte Leute). Würde nicht die Schwerkraft sie aufhalten, würden sie in den Raum davonschießen wie Hunde, die man von der Leine lässt. Daher liegt die Luft nicht einfach auf der Erdoberfläche, sondern verteilt sich ein wenig nach oben hin. Die Moleküle wollen ständig in den Raum entwischen, doch sie werden immer wieder zurückgezogen, bevor sie weit gekommen sind.

Am Boden ist die Luft dichter, weiter oben wird sie

immer dünner. Wenn Bergsteiger wirklich hohe Berge besteigen, nehmen sie, wie du wahrscheinlich weißt, ihren Vorrat an Sauerstoff mit und tragen Sauerstoffmasken. Würden sie das nicht tun, würden sie fortwährend keuchen und am Ende überhaupt keine Luft mehr kriegen. Moderne Düsenflugzeuge haben dasselbe Problem. Sie fliegen so hoch, dass Luft in die Kabine gepumpt werden muss, um Passagiere und Mannschaft mit genügend Atemluft zu versorgen.

Und doch dürfen wir uns nicht beklagen. Wäre die Erde kleiner ausgefallen, wäre ihre Schwerkraft vielleicht nicht stark genug gewesen, um eine Atmosphäre an sich zu binden; bei all der Wackelei hätte sich die Luft davongemacht. Deshalb haben der Mond und der kleine Planet Merkur keine Atmosphäre – einer der Gründe, warum es dort kein Leben gibt.

Wie viele Außerirdische gibt es im Weltall?

liebe Grüße von Katie

Das ist eine Frage, die man mir immer wieder stellt. Ich weiß die Antwort leider nicht. Niemand weiß, ob es außerirdische Wesen gibt oder ob wir Menschen die einzige Form intelligenten Lebens im Universum sind.

Forschungen sind im Gange. Wissenschaftler lauschen auf Radiosignale, die von Wesen eines anderen Planeten im Universum zu uns gesendet werden könnten. Doch bis jetzt hat man nichts entdeckt.

Wie stehen die Chancen, dass es da draußen Leben gibt? Ich denke, ganz gut. Auf den anderen acht Planeten, die um unsere Sonne kreisen, existiert wahrscheinlich kein Leben. Aber es gibt jede Menge anderer Sonnen. Jeder Stern am Himmel ist eine Sonne (sie sehen nur so winzig aus, weil sie so weit weg sind). Und es gibt Millionen und Milliarden davon.

Man nimmt an, dass viele dieser Sonnen von eigenen Planeten umkreist werden. Tatsächlich hat man jetzt die ersten Planeten entdeckt, die zu einer anderen Sonne gehören! Natürlich werden sie – wie die meisten der Planeten unseres Sonnensystems – entweder zu nah an ihrem Stern und deshalb zu heiß sein, als dass sich Leben entwickeln könnte (wie auf unserem Planeten Merkur), oder ihre Umlaufbahn wird zu weit von ihrem Stern entfernt und ihre Temperatur zu kalt sein (wie auf unserem Planeten Pluto), oder sie werden zu klein sein, um eine Atmosphäre zu halten. Aus allen diesen Gründen wird auf den meisten Planeten kein Leben existieren.

Man rechnet aber auch damit, dass es Planeten gibt, die zufällig in der richtigen Entfernung um ihre Sonne kreisen, so dass eine angenehme Temperatur herrscht und genügend Schwerkraft vorhanden ist, um eine Atmosphäre zu halten. Vielleicht haben sie auch Wasser. Vorausgesetzt, es existiert ein solcher Planet, gibt es zumindest eine Chance für die Entstehung von Leben. Immerhin wissen wir, dass in den Staubwolken, aus denen sich Sterne bilden, genau die Art von Materie zu finden ist, aus der wir selbst bestehen.

Die ersten Formen von Leben würden anfangs ganz primitiv sein – winzige Dingerchen wie Bakterien. Doch mit der Zeit könnten sie größer und interessanter werden. Wer weiß, vielleicht würde sich ihr Organismus schließlich so vervollkommnen wie unserer. Sie würden nicht so *aussehen* wie wir Menschen – das wäre höchst unwahrscheinlich –, doch sie könnten genauso intelligent sein wie wir. Sie könnten uns Botschaften senden. Sie könnten uns sogar besuchen! Bevor wir uns aber in diese Vorstellung hineinsteigern, dürfen wir nicht vergessen, dass außerirdische Wesen jeglicher Art sehr, sehr, sehr, sehr weit von uns entfernt leben würden. Es wäre außerordentlich schwierig für sie, einen dermaßen weiten Weg zurückzulegen. Und es geht dabei nicht nur darum, das Fahrgeld zusammenzusparen, sondern die Reise würde einfach so lange dauern, dass die Außerirdischen tot wären, ehe sie hier ankämen – und das macht alles ein wenig sinnlos, findest du nicht auch?

›Aber‹, wirst du vielleicht sagen, ›was ist mit den UFOs und diesen seltsamen kreisförmigen Mustern in Kornfeldern? Hat das nichts mit Außerirdischen aus dem Weltraum zu tun?‹

Also, ich kann nur sagen, in dieser Hinsicht musst du selbst zu einem Schluss kommen. Ich persönlich glaube, mit diesen Kornfeldkreisen wollte sich jemand einen Witz machen. Und was die UFOs angeht, da sind manche als Schwindel aufgeflogen, andere haben sich als harmlose Objekte herausgestellt, zum Beispiel als am Himmel schwebende Wetterballons. Und alles Übrige …

Verstand und Träume

Ich würde mich freuen, wenn Sie mir folgende Frage beantworten könnten:
Wieso vergisst man Dinge, an die man eben noch gedacht hat? Wohin verschwinden die Gedanken?

Mit freundlichen Grüßen
Priscilla (11 Jahre)

Unser Verstand ist ein faszinierendes Rätsel. Niemand begreift es wirklich. Mit Verstand meinen wir alles, was mit Denken zu tun hat. In dieser Minute denkst du über die Worte nach, die du liest, du hast dabei Empfindungen und spürst zum Beispiel Kälte, Hunger, Langeweile, Müdigkeit und so weiter. Solche Dinge laufen ständig ab in deinem Verstand.
Doch hat es mit dem Verstand noch mehr auf sich. Während du beispielsweise den letzten Satz hier liest, denkst du nicht unbedingt an dein Geburtsdatum. Würde ich dich aber jetzt fragen: ›Wann hast du Geburtstag?‹, könntest du mir auf der Stelle antworten; du müsstest nicht erst in deiner Geburtsurkunde nachsehen. Diese Information muss also die ganze

Zeit in deinem Gedächtnis vorhanden gewesen sein – auch wenn du gar nicht daran gedacht hast. Und nicht nur dein Geburtsdatum, sondern auch ein ganzer Berg von Wissen – all das Zeug, das du in der Schule gelernt hast und das du parat haben willst, wenn du in einem Test oder Examen sitzt.

Es ist deshalb ganz hilfreich, sich den Verstand in zwei Bereiche getrennt vorzustellen: in den *bewussten* Teil (in dem Denken und Fühlen abläuft) und den *unbewussten*. Wenn man sagt, ein Boxer wurde ›bewusstlos‹ geschlagen, meint man damit, dass er auf dem Boden liegt und an nichts mehr denkt. Sobald er aber zu sich kommt, fängt er wieder an zu denken (und wahrscheinlich spürt er dann, dass ihm der Schädel brummt). Es gibt einen Bereich des Verstandes, der unbewusst ist. Und hier werden alle Informationen im Gedächtnis gespeichert. Sie warten hier, bis sie vom bewussten Teil des Gehirns gebraucht werden.

Man hat zwei Arten von Gedächtnis: das Kurzzeit- und das Langzeitgedächtnis. Frage ich dich also zum Beispiel, was du heute zum Frühstück gegessen hast, kannst du mir das wahrscheinlich sagen. Frage ich dich aber in zehn Jahren, was du *heute* zum Frühstück hattest, würdest du mich für verrückt halten, dass ich ernsthaft glaube, du könntest dich an so etwas erinnern. Das hängt damit zusammen, dass bestimmte Informationen nur ins Kurzzeitgedächtnis kommen. Die Erinnerung daran, was du an diesem Morgen zum Frühstück gegessen hast, könnte später am Tag nützlich sein für deine Eltern, wenn sie wissen wollen, ob du die Packung Haferflocken aufgebraucht hast;

dann wüssten sie nämlich, ob sie neue kaufen müssen. Doch nach zehn Jahren nützt eine derartige Information nichts mehr, deshalb wird sie nicht im Langzeitgedächtnis aufbewahrt, sondern nach kurzer Zeit gelöscht.

Wie ich bereits Laura verraten habe, ist mein Gedächtnis unwahrscheinlich schlecht. Immer wieder vergesse ich die Namen von Leuten. Sehr peinlich kann das sein. Und das Spiel Trivial Pursuit hasse ich geradezu. Ich versuche mir einzureden, dass ich mir eben nicht das Hirn vollstopfen will mit dem ganzen Schrott unnützer Informationen. Aber ich fürchte, das ist eher eine Ausrede.

Bitte, warum sehen wir Farben?
Sehen alle Menschen Farben gleich?

Ashkan Sawhani

Licht verhält sich wie eine Welle. Es bewegt sich durch den Raum wie kleine Wellen, die sich auf der Oberfläche eines Teichs kräuseln. Bei den Wellen auf einem Teich liegen die Wellenberge und Wellentäler entweder dicht beieinander oder sie sind weit ausgedehnt. Genauso ist es bei Lichtwellen. Die Berge und Täler der Lichtwellen können entweder eng zusammengedrückt oder breit auseinander gezogen sein. So kommt es zu den Abweichungen zwischen verschiedenfarbigem Licht. Es kommt ganz auf die Entfernung zwischen den Wellenbergen und -tälern an. Man nennt diese Entfernung die ›Wellenlänge‹ von Licht. Unterschiedliche Wellenlängen gehören unterschiedlichen Farben an. Rotes Licht hat die längste Wellenlänge, dann kommt Orange, Gelb, Grün, Blau, Indigo und schließlich Violett. Weißes Licht ist eine Mischung aus *all* diesen Farben – den Farben des Regenbogens (was komisch ist, da wir normalerweise meinen, weißes Licht hat überhaupt keine Farbe). Rotes Licht hat etwa die doppelte Wellenlänge wie violettes Licht.

So weit, so gut. Damit habe ich – als Wissenschaftler – über Licht gesprochen. Doch das ist es nicht, was du wissen wolltest. Du wolltest wissen, wie es kommt, dass – sobald Licht einer bestimmten Wellenlänge das Auge trifft – man (im Gehirn) eine ganz bestimmte Farbe erkennt.

Offen gesagt, ich habe keine Ahnung. Keiner weiß das. (Warum stellen Kinder so *unmögliche* Fragen?!) Es ist eines der großen Geheimnisse des Verstandes.

Was nun deine Frage angeht, ob ich in meinem Kopf die gleiche Farbe sehe wie du in deinem, während wir dasselbe Licht betrachten, so gibt es da wohl keine Möglichkeit dahinter zu kommen. Ich kenne nur *meinen* Verstand, du kennst nur *deinen*. Doch ich vermute, dass wir nicht das Gleiche sehen. Immerhin sind etliche Menschen farbenblind – sie können zwischen bestimmten Farben den Unterschied nicht wahrnehmen, den wir für eindeutig halten. Ich kann mir nur vorstellen, dass sie wohl etwas anderes sehen als wir.

Auch die Tatsache, dass jeder seine Lieblingsfarbe hat, könnte darauf hindeuten, dass wir Dinge unterschiedlich sehen. Ich habe eine Enkeltochter, die Braun nicht leiden kann. Ich selbst finde es ganz gut und nun behauptet sie, ich hätte *immer* braune Sachen an. Wenn ich sie besuche, wähle ich manchmal ganz bewusst Kleidungsstücke und Schuhe, die nicht braun sind. Ich weiß, dass Melanie, sobald sie mich sieht, erst mal meine Kleidung nach etwas Braunem absucht. Und ob du's glaubst oder nicht: wie ich mich auch bemühe, sie findet immer irgendwo ein Fitzelchen!

Ich wäre dankbar, wenn Sie meine Frage beantworten könnten, aber wenn nicht, ist es auch nicht so schlimm. Ich würde gern wissen, wie der Verstand der Menschen funktioniert. Wie es kommt, dass manche Leute andere überfallen und ausrauben und manche so lieb und freundlich sind, dass sie einem gar nicht wie Menschen vorkommen! Warum sind unsere Charaktere so?

Bis bald und viele liebe Grüße von
Sara Whines (10 Jahre)

Es gibt verschiedene mögliche Gründe.

Erstens einmal die Art, wie ein Mensch erzogen wurde. Aus was für einem Elternhaus kommt er? Welche Art von Schule hat er besucht? Wenn du als junger Mensch von wohlerzogenen, nachdenklichen, freundlichen Menschen umgeben bist, wirst du in dem Glauben aufwachsen, dies sei *normales* Verhalten. Es muss die Chancen erhöhen, dass du dich ebenfalls so verhalten wirst. Wenn du andererseits ständig von einem selbstsüchtigen Tyrannen von Vater geprügelt worden bist, wirst du wahrscheinlich in dem Glauben aufwachsen, es sei normales Verhalten, dass man andere schlägt, um sich selber durchzusetzen.

Aber das ist nicht alles. Du kennst wahrscheinlich ein paar ziemlich grässliche Kinder in der Schule, die aus guten Elternhäusern kommen, und andere, mit denen du dich ohne weiteres anfreunden kannst, obwohl sie zu Hause mit allen möglichen Schwierigkeiten fertig werden müssen. Das bringt uns auf einen weiteren Grund für unser Verhalten: Wir werden mit unterschiedlichen Anlagen geboren. Zwei Kinder, die im gleichen Haus bei den gleichen Eltern aufwachsen und die gleiche Schule besuchen, können sich ganz unterschiedlich entwickeln.

Wenn wir uns bei den Tieren umsehen, stellen wir fest, dass sie *von Geburt an* zu bestimmten Verhaltensweisen neigen. Niemand muss einer Katze das Jagen beibringen, sie kann es von Geburt an. Bei uns scheint es ähnlich zu sein. Manche Menschen neigen von Geburt an zu bestimmten Verhaltensweisen, manche zu anderen.

Wie du geboren bist und wie du aufgewachsen bist, beides hat Auswirkungen auf die Persönlichkeit, zu der du dich entwickelst. Was ist wichtiger? Niemand kann das wirklich sagen.

Doch eines ist sicher: Es gibt einen *dritten* Punkt, der unser Verhalten beeinflusst. Ganz einfach: Menschen können *entscheiden*, wie sie sich verhalten wollen. Jeder hat eine Möglichkeit. Es ist nicht wichtig, wie miserabel das Elternhaus vielleicht ist oder mit welch schlechten Anlagen man geboren wird: Mit genügend Mumm in den Knochen kann man sich zu dem Menschen entwickeln, der man gern sein möchte. Ich kann nur sagen, überleg dir genau, was für ein Mensch du sein willst – und dann mach dich an die Arbeit!

Warum können Menschen verrückt werden?
Hoffentlich wissen Sie die Antwort.

Mit freundlichem Gruß
Elizabeth C. (11 Jahre)

Das ist eine sehr schwierige Frage. Erst mal ist es nicht immer klar, welche Menschen verrückt sind und welche normal. Mit ›normal‹ meinen wir solche, die mehr oder weniger so denken wie die meisten anderen Menschen. Doch bis zu einem gewissen Grad denken wir alle verschieden – und das ist gut so. Es wäre ziemlich langweilig, wenn alle zu den gleichen Ansichten kämen. Hätten wir nicht ein paar Leute, die die Welt völlig anders sehen als der Rest der Menschheit, gäbe es keine naturwissenschaftlichen Genies wie meinen Helden Einstein.

Aber wie anders muss man sein, bevor es heißt, man ist ›verrückt‹? Das ist schwer zu sagen. Auf jeden Fall brauchen Menschen Hilfe, wenn sie ein unglückliches Leben führen und drohen, sich umzubringen, oder wenn sie eingebildete Stimmen hören oder Dinge sehen, die gar nicht vorhanden sind, oder wenn sie sich einreden, alle wären hinter ihnen her, oder wenn Leute so verwirrt sind, dass sie sich nicht mehr selbst versorgen können.

Zum Glück kann heute viel für solche Menschen getan werden: Es gibt Medikamente und es gibt Ärzte, die den Patienten helfen, über ihre Probleme zu sprechen und die Dinge anders zu sehen.

Manche Menschen werden geisteskrank geboren. Das kommt wahrscheinlich daher, weil von Anfang an etwas mit ihrem Gehirn nicht in Ordnung ist. Andere scheinen erst ganz normal, werden aber später geistig krank. Es ist schwer zu sagen, warum so etwas vorkommt. Kann sein, weil die Mischung der Chemikalien im Gehirn durcheinander gerät. Hier können Medikamente helfen. Sie regulieren die Mischung und können sie wieder in den Normalzustand bringen.

Bei manchen Menschen ist es so, dass ihr Gehirn im Alter schwach wird, und sie können nicht mehr so klar denken wie früher. Bis zu einem gewissen Grad ergeht es uns allen so, nur tritt es bei manchen Menschen eben schneller ein.

Es muss schrecklich sein, wenn man sich mit Geisteskrankheit abfinden muss. Ich glaube, fast jede andere Krankheit könnte ich eher hinnehmen als eine Geisteskrankheit.

Vielleicht können wir alle unseren kleinen Teil dazu beitragen, solchen Menschen zu helfen, indem wir sie nicht ›verrückt‹ nennen. Sagen wir zu ihnen, sie sind ›verrückt‹, ist es, als wollten wir damit ausdrücken, dass sie anders geartete Menschen seien. Das sind sie nicht – genauso wenig wie einer mit Grippe ein anders gearteter Mensch ist. Sie sind einfach krank und wir müssen ihnen gegenüber hilfsbereit und rücksichtsvoll sein, so wie wir es gegenüber jedem sein würden, der unter irgendeiner anderen Krankheit leidet.

Wenn ich schlafe, träume ich immer. Ich möchte mal wissen, warum wir Träume haben?

von Abdullah

Träume kommen aus dem unbewussten Bereich unseres Verstandes.

Erinnerst du dich, dass ich Priscilla über das Unbewusste geschrieben habe? (S. 132) Ich habe erklärt, dass unsere Erinnerungen dort gespeichert werden. Doch man darf nicht glauben, dass das Unbewusste nur untätig herumhängt. Es ist nicht etwa eine verstaubte alte Bücherei, wo die Bücher mit all ihrem Wissen einfach auf den Regalen stehen, bis mal jemand vorbeikommt (das Bewusste im Gehirn) und sie rausholt. Im Unbewussten ist ständig eine Menge los.

Ich habe beispielsweise gesagt, dass ich mir schlecht Namen merken kann. Oft liegt mir ein Name auf der Zunge, doch wie ich mich auch abquäle, ich komm einfach nicht drauf. Was tue ich also? Ich beschäftige mich mit etwas ganz anderem. Und dann, vielleicht nach einer halben Stunde, denke ich zufällig wieder an den betreffenden Menschen und, siehe da, diesmal ist der Name da! Nicht das geringste Problem. Er ist da und wartet nur darauf, dass ich ihn abrufe! Wie ist das gekommen?

Ich weiß es nicht genau, aber es scheint folgendermaßen abzulaufen: Während mein Bewusstsein mit

140

anderen Dingen beschäftigt war, durchsuchte das Unbewusste eifrig sämtliche Speicher nach dem von mir gewünschten Namen. Als nun mein Bewusstsein zum zweiten Mal nachfragte, hatte das Unbewusste die Antwort parat.

Eine andere Art, wie das Unbewusste funktioniert, ist folgende: Angenommen, du hast eine Abneigung gegen irgendetwas – vielleicht gehst du am Meer nicht gern ins Wasser. Du verstehst selber nicht, warum, alle andern haben anscheinend ihren Spaß daran. Es wäre durchaus möglich, dass du als kleines Kind ein erschreckendes Erlebnis hattest. Vielleicht warst du in einem Schwimmbad. Irgendwer hat Blödsinn gemacht und dir ziemlich lange den Kopf unter Wasser gehalten. Du hattest schreckliche Angst. Doch bald war es vergessen. Zumindest dein *Bewusstsein* hat es vergessen, nicht aber dein Unbewusstes. Jedes Mal, wenn du jetzt an eine weite Wasserfläche kommst, wird der unbewusste Teil deines Verstandes unruhig. Er erinnert sich, was damals passiert ist, und warnt das Bewusstsein mit dem Aussenden von Gefahrensignalen. So kommt es, dass du unwillkürlich davor zurückschreckst, ins Meer zu gehen, ohne eigentlich zu verstehen, warum. Das ist dann eine andere Möglichkeit, wie dein Unbewusstes dich beeinflussen kann.

Doch jetzt zum Träumen. Wenn du wach bist, stürzen ununterbrochen alle möglichen Geräusche und Bilder auf dich ein, die deine Aufmerksamkeit erfordern. Nachts, wenn du schläfst, ist alles anders. Bei der Stille ringsum kann das Unbewusste seine Botschaften nun leicht ins Bewusstsein schicken. Hast du beispielsweise in der Schule eine Prüfung vor dir, machst du dir vielleicht Sorgen – tief im Innern. In der Nacht gehen dir wahrscheinlich irgendwelche Testfragen durch den Kopf, die du beantworten können musst. In dieser Situation fängst du an zu träumen. Hat sich dein Unbewusstes vor etwas geängstigt, sendet es dir angstvolle Vorstellungen – das nennen wir dann Alptraum.

Der Versuch herauszufinden, was das Unbewusste durch Träume mitteilen will, kann faszinierend sein. Doch ich nehme an, meistens sendet es eher einen Haufen Unsinn aus, mit dem zu befassen sich nicht lohnt. Höchstens sollte man es vielleicht ernst nehmen, wenn man Nacht für Nacht den gleichen Traum hat.

Wachsen und Älterwerden

*Ich bin in der vierten Klasse und ich möchte
wissen, wieso ich älter und älter werde?
Bitte schreiben Sie mir.*

Von Rachel Potter (10 Jahre)

Meine Güte! Beunruhigt dich das jetzt schon?
Am Anfang macht Älterwerden Spaß. Es ist etwas,
dem man erwartungsvoll entgegensieht. Während ein
Jahr nach dem andern vergeht, wirst du größer und
stärker. Du kannst Dinge, die du als kleines Kind
nicht konntest. Schlägertypen in der Schule überlegen
es sich jetzt zweimal, bevor sie dich schikanieren. Du
entwickelst dich vom Kind zum Erwachsenen. Du bist
im Besitz eines wundervollen Körpers – einer Maschine, die viel, viel fabelhafter ist als jede Maschine,
die wir Wissenschaftler je zusammenbauen könnten.
Doch dann, in den späten Teenagerjahren und Anfang zwanzig, ändert sich allmählich einiges. Wie jedes System, das ununterbrochen laufen muss, zeigt
dein Körper langsam die ersten Spuren von Abnut-
zung. Vielleicht wird deine Sehkraft schwächer oder
du hörst nicht mehr so gut wie früher. Später knirscht

es in den Knien und das Laufen fällt nicht mehr so leicht; oder du stellst fest, dass es länger dauert, bis eine Verletzung heilt.

Über solcherlei Veränderungen freut sich niemand. Zum Glück kann oft etwas dagegen getan werden. Ich, zum Beispiel, habe inzwischen eine Brille zum Lesen und ein Hörgerät. Damit kann ich fast genauso leben wie vorher.

Vor dem Altwerden braucht man keine Angst zu haben. Es kommt auf uns alle zu. Die einzige Möglichkeit, nicht alt zu werden, ist die, dass man jung stirbt – und wer will das schon?!

Es gibt eine Redensart: ›Man ist so alt, wie man sich fühlt.‹ Ich denke, das ist sehr wahr. Manchmal glaube ich, dass ich in meinen Ansichten eigentlich nie ganz erwachsen geworden bin. Ich komme mir ein bisschen vor wie ein Junge mit dem Körper eines Erwachsenen, der so tut, als sei er erwachsen.

Es gibt etwas Besonderes am Alter: Man hat Erinnerungen, auf die man zurückblicken kann. Man weiß mehr als je zuvor. Man hat so viel aus Erfahrungen gelernt. Früher habe ich mich darauf gefreut, 50 zu sein. ›Mit 50 werde ich am besten drauf sein‹, habe ich immer gesagt. Falsch. Ich bin *jetzt* am besten drauf – mit 63 – und es wird immer besser. Ich kann ehrlich sagen, dass ich jetzt zufriedener bin als je zuvor und dass ich mit keinem Jüngeren tauschen würde.

Als ich einmal abends meinen Cousin besuchte, sagte seine Mutter zu mir, ich sei so gewachsen, dass sie mich fast nicht erkannt hätte. Da habe ich überlegt, wie eigentlich die Knochen in unserem Körper wachsen. Könnten Sie mir erklären, wie Knochen wachsen?

Mit freundlichen Grüßen
Daniel Towers (10 Jahre)

Sehr viel weiß ich darüber leider nicht. In der Schule habe ich nie Biologie gelernt. Aber ich habe deinen Brief einer Freundin gezeigt, die Biologielehrerin ist. Sie hat mir erklärt, dass ein Knochen – wie zum Beispiel die langen Knochen in den Beinen – an zwei Stellen wächst. Diese Stellen sind ›Knochen produzierende Fabriken‹. (Sie hat nicht gerade diesen Ausdruck gebraucht – sie hat gewichtige, biologische Wörter benutzt, die ich mir nie merken kann.) Diese ›Fabriken‹ sitzen dicht an jedem Knochenende.
Knochen besteht, wie alles im Körper, aus runden Zellen. Du kannst dir Zellen so ähnlich wie Legosteine vorstellen. Zellen teilen sich manchmal. Jede Hälfte wird dann wieder rund und wächst zur Größe der ursprünglichen Zelle heran. Nun hat man also zwei Zellen statt einer. Diese teilen sich wieder und ergeben vier Zellen, aus den vieren werden acht und so fort. Das alles läuft in der ›Knochenfabrik‹ ab. Immer mehr Zellen werden produziert und das gibt immer mehr Knochenmaterial. So wächst der Knochen,

du wirst größer und die Mutter deines Cousins staunt, wenn sie dich sieht.

Ich lag im Bett und dachte über meine Familie nach. Da fiel mir folgende Frage ein: Warum wachsen Kinder und hören dann als Erwachsene wieder auf zu wachsen? Und warum können wir die Menschen nicht wachsen sehen? Hoffentlich können Sie meine Fragen beantworten.

Mit freundlichen Grüßen
Helen Anderson (10 Jahre)

Ich fange mit deiner zweiten Frage an – sie ist einfacher.

Der Grund, warum wir uns beim Wachsen nicht zusehen können, liegt darin, dass wir so langsam wachsen. Es ist wie mit den Zeigern einer Uhr. Beobachtest du die Zeiger, scheinen sie sich nicht zu bewegen. Erst wenn du weggehst, etwas anderes tust und später wiederkommst, um einen Blick auf die Uhr zu werfen, kannst du die Veränderung sehen. So ist es bei Kindern mit dem Wachsen.

Dann die Frage, was dein Wachstum beendet. Das hat mit den vielen Veränderungen zu tun, die in deinem Körper bei der Entwicklung vom Mädchen zur Frau vor sich gehen. Dein Körper erzeugt Säfte, sogenannte ›Hormone‹. Diese Hormone ziehen in der Entwicklungszeit durch den Körper und schaffen Veränderungen, wie zum Beispiel die nötigen Voraussetzungen zum Kinderkriegen. Insbesondere erkennen die Hormone, dass du jetzt groß genug bist, um Babys zu haben, die ›Knochen produzierenden Fabriken‹ können also stillgelegt werden; sie müssen deinen Körper nicht noch größer machen. (Wer will auch schon ein Riese sein?)

Der Körper ist sehr schlau, verstehst du. Auch wenn er diese Fabriken schließt, hat er immer noch Möglichkeiten, um neues Knochenmaterial zu erzeugen, wenn und wann es gebraucht wird. Hast du also einen Unfall und brichst dir ein Bein, kann neues Knochenmaterial produziert werden, um den Bruch zu flicken.

Wie wir entstanden sind

Ich hoffe, es geht Ihnen gut und Ihr Gehirn läuft auf Hochtouren wie immer. Warum sehen wir unseren Müttern ähnlich?

Freundliche Grüße
Jayne Braybrook

Wie du sicherlich schon weißt, bist du aus einem winzigen Teil deines Vaters, dem Sperma, und einem Teil deiner Mutter, dem Ei, entstanden. Als diese beiden im Innern deiner Mutter aufeinander trafen, warst du bereits im Kommen! Du bist gewachsen und gewachsen. Jeden Tag hast du weniger einem formlosen Ei geglichen, sondern mehr und mehr einem richtigen Baby. Nach neun Monaten, die du behaglich in deiner Mutter eingekuschelt verbracht hast, ganz außer Sicht, warst du zu deinem großen Auftritt bereit: Geburtstag Nummer Null. Das war nun für jedermann das Signal, Sprüche loszulassen wie: ›Ist sie nicht allerliebst; sie hat ganz die Augen ihrer Mutter, den Mund ihrer Großmutter – das gereizte Wesen ihres Vaters‹ und so fort.

Und es stimmt. Du *bist* ihnen ähnlich. Das ist nur zu

erwarten. Schließlich bist du aus einem Teil deiner Mutter und einem Teil deines Vaters hervorgegangen; und deine Eltern wiederum sind aus den entsprechenden Zellen deiner Großeltern entstanden.

Inzwischen wissen wir aber viel mehr. Das Wesentliche, das dein Aussehen bestimmt, gehört zu einem Etwas in dir, das man deine DNA nennt. Die Buchstaben ›DNA‹ sind die Anfangsbuchstaben eines langen Namens, den sich die Biologen dafür ausgedacht haben. Ich kann mir diese komplizierten Namen nie merken. Aber das macht in diesem Fall nichts, weil selbst die Biologen es nur mit ›DNA‹ bezeichnen.

DNA besteht aus einer langen Molekülkette. (Ein Molekül ist eine Ansammlung von Atomen, die aneinander hängen.) Das Interessante an dieser Kette ist, dass sie eine verschlüsselte Nachricht enthält, einen Geheimcode! Jedes einzelne Molekül ist so was Ähnliches wie ein ›Buchstabe‹ und in ihrer Zusammenstellung ergeben sie etwas, das wir uns als ›Wörter‹ vorstellen könnten. Die Anordnung, in der diese Wörter in der Molekülkette erscheinen, sagt dem Körper nun, wie er zu sein hat: ›groß‹, ›blaue Augen‹, ›braunes Haar‹, ›genialer Verstand‹ und so fort. Es gehört zu den aufregendsten Dingen, die heute in der Naturwissenschaft im Gange sind, wie Biologen diesen Code enträtseln, um hinter die Bedeutung jedes einzelnen Teilchens zu kommen. Das ist ein großes Vorhaben. Die DNA eines Menschen umfasst etwa die gleiche Zahl an Buchstaben wie sie in 3000 Seiten starken Büchern zu finden ist.

Woher ist deine DNA gekommen? Sie wurde aus Kopien der DNAs deiner Eltern zusammengestellt. Deshalb siehst du ihnen letztendlich ähnlich, hast die gleiche Augen- oder Haarfarbe und so weiter – du wurdest nach dem gleichen Geheimcode zusammengestellt. Doch deine DNA unterscheidet sich von jeder anderen. Sie ist eine Mischung der DNA von zwei Menschen – der deiner Mutter und der deines Vaters. Deshalb bist du keine exakte Kopie von einem der beiden. Verlangt die DNA deiner Mutter ›grüne Augen‹ und die deines Vaters ›braune Augen‹, wird sich eine der beiden voraussichtlich durchsetzen – du bekommst entweder die Augenfarbe deiner Mutter oder die deines Vaters. Wenn es jedoch um deine Nasenform geht oder um deine Größe, setzt sich möglicherweise der Code des anderen Elternteils durch. Aber das ist es nicht allein. Es kann auch zu Fehlern kommen, da die ursprünglichen DNAs kopiert sind. Deine DNA kann sich verändern, wenn sie auf Chemikalien in deinem Körper trifft, auch durch Strahlung kann sie beeinflusst werden. Das alles führt zu einem nagelneuen Code. Deshalb gibt es dich nur ein einziges Mal – deshalb unterscheiden wir uns alle voneinander.

Ich habe eine große Frage an Sie. Wissen Sie, wie die Menschen entstanden sind? Falls Sie es wissen, schicken Sie mir bitte einen Brief mit der Antwort. Vielen Dank für alles, was Sie für uns getan haben.

Freundliche Grüße
Peter Jackson

Nach Ansicht der meisten Wissenschaftler sind wir – du und ich und alle Tiere – während eines Prozesses entstanden, den man ›Evolution‹ nennt. Ich will versuchen, es dir zu erklären.

Lass uns zu Beginn mal an Geparden denken. Sie können unwahrscheinlich schnell laufen, deshalb fällt es ihnen leicht, Zebras und Antilopen zu jagen, zu fangen und zu fressen. Doch nicht alle Geparden laufen mit der gleichen Geschwindigkeit; manche laufen schneller als andere. Wenn nun nicht genügend Zebras umherziehen, welchen der Geparden wird es dann wohl gelingen, sich ihre Mahlzeit zu erjagen? Den schnelleren. Für die langsameren Geparden besteht eher die Wahrscheinlichkeit, dass sie zu kurz kommen und hungern müssen.

Was macht nun manche Geparden schneller als andere? Eben habe ich Jayne erklärt, warum Kinder ihren Eltern ähnlich sind. Es hängt mit ihrer DNA zusammen. Dasselbe gilt für Tiere; auch sie haben ihren eigenen DNA-Code – einen Code, der ihrem Körper befiehlt, zu Geparden heranzuwachsen und nicht zu

Menschen. Es gibt viele Umstände, die dazu beitragen, ob ein Gepard stark oder schwach, schnell oder langsam ist. Einer davon ist die Futtermenge, die er als Jungtier von seinen Eltern bekommt. Ein anderer ist seine DNA. Seine DNA spielt eine wesentliche Rolle bei der Bestimmung, ob er voraussichtlich ein schnellerer oder langsamerer Läufer als der durchschnittliche Gepard wird.

Die Glücklichen mit dem Code ›Schneller Läufer‹ werden wahrscheinlich schneller Nahrung finden. Sie kommen in das Alter, in dem sie ihrerseits Junge haben – Junge, die die DNA ihrer Eltern samt dem Befehl ›Schneller Läufer‹ erben werden. Durch Zufall werden einige die Eigenschaft ›Superläufer‹ in ihrer DNA haben und alle übrigen Geparden übertreffen.

Auf der anderen Seite sind jene Geparden, die das Pech haben, mit dem Code ›Langsamer Läufer‹ geboren zu werden, in ständiger Gefahr zu verhungern. Wahrscheinlich werden sie umkommen, noch bevor sie die Gelegenheit haben, selbst Junge zu werfen. Auf diese Weise wird der Code ›Langsamer Läufer‹ nicht weiter vererbt.

Das bedeutet, dass es in der nächsten Generation mehr Tiere mit dem Code ›Schneller Läufer‹ geben wird, als es in der Generation ihrer Eltern der Fall gewesen war. Man sagt, dieser Code ist *ausgelesen* worden. Der ganze Vorgang nennt sich *Evolution durch natürliche Auslese*. Niemand steuert diese Auslese, sie geschieht auf natürlichem Weg. Der Code ›Langsamer Läufer‹ stirbt den Naturgesetzen folgend aus, der andere Code setzt sich durch.

So kann man also davon ausgehen, dass die ›Kinder‹ der Geparden schnellere Läufer sind als ihre Eltern – im Durchschnitt. Und wenn diese Kinder heranwachsen und schließlich so weit sind, dass sie selbst Junge haben, wird sich derselbe Vorgang wiederholen: Jene Geparden, die zufällig eine DNA haben, durch deren Hilfe ihr Lauftempo höher ist als die neue Durchschnittsgeschwindigkeit, werden die sein, die überleben und ihre DNA an die nächste Generation weitergeben. So lässt sich verstehen, dass Geparden mit jeder Generation schneller werden.

Genauso ist es mit allen anderen Eigenschaften, durch deren Hilfe ein Tier sich auf lange Sicht durchsetzen und seinen DNA-Code weitergeben kann: schärfere Krallen, ein stärkerer Schnabel, eine robustere Schutzhülle und so weiter. Auf diese Weise sind wir zu unseren jetzigen Tieren gekommen. All die wunderbaren Lebewesen, die wir heute um uns sehen, haben sich allmählich während eines Zeitraums von Millionen und Millionen von Jahren aus viel primitiveren Lebewesen entwickelt. Jedes Tier hat sein eigenes, besonderes Überlebensprogramm herausgebildet.

Aber, denkst du vielleicht, was ist denn so besonders an uns Menschen? Schließlich sind wir keine guten Läufer verglichen mit Geparden, wir sind schlechte Schwimmer verglichen mit Fischen, wir können nicht fliegen wie Vögel, wir haben keine scharfen Zähne oder Krallen, wir haben keinen dicken Panzer, der uns schützen könnte.

Die Besonderheit an der menschlichen DNA ist das

große Gehirn (groß im Verhältnis zu unserer Körpergröße), mit dem sie uns ausgestattet hat – ein Gehirn, das sehr kluge Dinge zustande bringen kann. Unsere Vorfahren brauchten im harten Kampf um ihr Überleben keine scharfen Krallen, weil sie die Intelligenz besaßen, Messer und Äxte zu konstruieren. Sie mussten nicht schnell hinter dem Wild herjagen, denn sie konnten von ihrem Standort aus mit Steinen oder Speeren zielen oder mit Pfeil und Bogen schießen.

Es ist nicht so, dass wir Menschen ein größeres Gehirn hätten als jedes andere Tier; das Gehirn eines Elefanten ist tatsächlich viermal so groß wie unseres. Der Punkt ist: Je größer das Tier, desto größer muss das Gehirn sein, damit der Körper richtig in Gang bleibt. Da der Elefant so einen großen Körper hat, braucht er zum Funktionieren ein großes Gehirn. Das Wesentliche ist nicht die Größe des Gehirns allein, sondern die Größe *im Vergleich zur Körpergröße des Tieres*. In diesem Sinne haben wir Menschen ein viel größeres Gehirn, als es bei einem Tier unserer Körpergröße zu erwarten wäre. Diese Übergröße des Gehirns ist es, die uns die zusätzliche Intelligenz verschafft, denn mit seiner Leistungsfähigkeit kann es viel mehr als nur die Funktionen des Körpers zu gewährleisten.

**Wenn sich Affen zu Menschen entwickelt haben,
was hat sich dann zu Affen entwickelt?**

*Mit freundlichen Grüßen
Alva Marks (10 Jahre)*

Man nimmt an, dass heutige Affen wie Schimpansen
und Gorillas von demselben affenähnlichen Wesen
abstammen, das auch den Ursprung für uns Menschen darstellt. Du fragst, was davor war. Die Antwort heißt: ein kleines, Insekten fressendes Tier. Das
wiederum entwickelte sich aus einem Reptil, dieses
aus einem Fisch und dieser aus kleinen Wesen, die
unseren heutigen Bakterien glichen. Es kann nicht
mit absoluter Sicherheit gesagt werden, doch es ist
sehr wahrscheinlich, dass alles Leben auf Schleim,
Schaum und Chemikalien im Meer zurückgeht! Mit
anderen Worten, alle Lebewesen (einschließlich
Pflanzen und Bäume) haben sich aus einem Material
gebildet, das von Anfang an nicht einmal lebte.
Das Ganze fing vermutlich so an, dass im Meer
Atome aufeinander trafen und ein Molekül bildeten,
das sich vervielfältigen konnte – so wie sich heute die
DNA vervielfältigt. Das war die erste wichtige Voraus-
setzung. Nachdem diese erst einmal erfüllt war, wurden aus dem ersten dieser Moleküle zwei, diese beiden vervielfältigten sich und wurden vier, die vier
wurden acht und so fort. Der andere wesentliche
Punkt war der, dass bei der Vervielfältigung Fehler
entstanden. Deshalb kam es zu verschiedenen Aus-

160

führungen des ursprünglichen Moleküls. (Normalerweise halten wir Fehler für etwas Schlimmes – wir bekommen dafür in Prüfungen Punkte abgezogen. Doch dass *diese* ›Fehler‹ passiert sind, war gut, sonst gäbe es uns nämlich nicht.)

Einige dieser unterschiedlichen Ausgaben von Molekülen hatten bessere Überlebenschancen als andere und konnten sich vervielfältigen. Das waren diejenigen, die sich durchsetzten und weiterentwickelten, während die anderen ausstarben. Aus denen, die überdauerten, wurden Bakterien. In einem gewissen Stadium taten sich die Moleküle zusammen und bildeten Zellen, mehrere Zellen bildeten die Körper von Tieren und Pflanzen und waren immerhin so groß, dass sie unter dem Mikroskop zu erkennen sind. Im Lauf der Zeit wurden sie immer komplizierter, bis zuletzt wir Menschen und die anderen heutigen Tiere auf dem Plan erschienen.

Diese Entwicklung muss lange, lange gedauert haben. Wir wissen, dass es ein sehr großer Zeitraum war, innerhalb dessen sich das alles abgespielt hat. Die Erde entstand vor 4,6 Milliarden Jahren. Die ersten Bakterien tauchten vor 3 Milliarden Jahren auf. Die ersten Lebewesen mit mehr als einer Zelle – sogenannte mehrzellige Organismen – erschienen vor 1 Milliarde Jahren. Die Gehirne unserer Vorfahren begannen etwa vor 2 Millionen Jahren sich zu entwickeln und moderne Menschen gibt es seit 100 000 Jahren.

Hat es Adam und Eva wirklich gegeben?

Viele Grüße von
Louisa Silcax (11 Jahre)

Es ist sicher schwer zu verstehen, wie es Adam und Eva wirklich gegeben haben kann, wenn die Theorie der Evolution durch natürliche Auslese stimmt. Die meisten Biologen glauben an diese Theorie, weil alles darauf hindeutet. Man kann die Knochen und Schädel toter Tiere untersuchen und daraus Rückschlüsse ziehen, wie sich die unterschiedlichen Tierarten im Lauf der Zeit verändert haben. Nicht nur das, sondern man kann auch erkennen, wie manche Tierarten sich hier und jetzt verändern; die Evolution ist durchaus kein Vorgang, der vor langer Zeit geschah, sie findet heute direkt vor unsern Nasen statt.

Heißt das nun, als Biologe glaubt man an die Evolution, aber wenn man religiös ist an Adam und Eva? Manche Menschen sehen das so, doch ich glaube, sie irren sich. Ich bin religiös und doch glaube ich an die Evolution – auch wenn ich kein Biologe bin. Soll das heißen, die Geschichte von Adam und Eva ist Unsinn? Hat man die Bibel überführt?

Sicher nicht. Entscheidend ist, was diese ersten Kapitel der Bibel ausdrücken wollen. Soll damit eine wissenschaftliche Beschreibung der Entstehung des Menschen geliefert werden, so irrt die Bibel – der Evolutionstheorie zufolge. Doch die meisten Bibelexperten sind sich einig, dass die Bibel so nicht gemeint ist. Zu der Zeit, als die Bibel geschrieben wurde, interessierten sich die Menschen gar nicht für wissenschaftliche Fragen. Uns ist das heute vielleicht schwer begreiflich, aber damals war es eben so. (Wenn ich es recht bedenke, so scheinen auch heute die meisten Menschen nicht sonderlich interessiert an Wissenschaft!) Wie sollen wir diese Anfangskapitel also lesen?

Die Geschichte von Adam und Eva kann nicht Wissenschaft sein, aber sie sagt wesentliche Dinge über uns aus. Als erstes: Gott hat uns erschaffen. (Heute würden wir sagen, dass dabei die Evolution seine Methode war.) Deshalb verdanken wir ihm unser Leben und wir sollen es so leben, wie er es von uns verlangt. Die Geschichte erzählt, wie Eva aus einer Rippe aus Adams Seite erschaffen wurde. Das ist keine Beschreibung einer chirurgischen Operation, sondern Dichtung. Sie drückt aus, dass der Mann nicht vollständig ist ohne Frau und die Frau nicht ohne Mann. Mit anderen Worten, in der Geschichte wird von der Ehe geredet. Weiter wird darin erzählt, wie Adam und Eva Früchte von einem Baum essen, von dem zu essen Gott ihnen verboten hatte. Sie waren nicht etwa hungrig, sie hatten genügend zu essen von den anderen Bäumen. Nein, sie waren einfach gierig, selbstsüchtig und ungehorsam. Wieder wird hier etwas ausgesagt, das auf *uns* zutrifft – nämlich, dass wir alle eine hässliche Spur von Selbstsucht in uns haben. Und so fort. Solche Dinge sind es eben, um die es in der Bibel geht.

Sobald du das erkannt hast, wird es dir ganz leicht fallen, die Evolutionstheorie UND die Aussagen, die die Bibel über uns macht, gelten zu lassen. Beide haben Recht, eine jede auf ihre Weise.

Meine Fragen lauten: Warum sprechen Men-
schen? Wann sprechen sie? Wer hat das Spre-
chen erfunden? Wer sagt uns, dass wir reden
sollen?

Freundliche Grüße
Kathryn Ellison

Ich habe Alva erklärt (S. 161), dass die Gehirne unserer Vorfahren vor etwa 2 Millionen Jahren anfingen zu
wachsen. Vor 250 000 Jahren wurde die linke Hälfte
unseres Gehirns allmählich besonders groß. Diese
Hirnhälfte ist für das Sprechen zuständig, deshalb
wird vermutet, dass damals die Sprache aufkam.
Natürlich geben viele Tiere Geräusche von sich.
Wilde Schimpansen bringen 30 bis 40 verschiedene
Laute hervor. Jeder hat seine eigene Bedeutung, die
den anderen Schimpansen etwas Wichtiges sagt. Ich
denke, man könnte das als eine Art ›Sprechen‹
bezeichnen. Mit viel Übung können Schimpansen
kompliziertere Botschaften verständlich machen und
Fragen beantworten, indem sie eine Zeichensprache
benutzen und nicht die Stimme. Aber das ist noch gar
nichts, verglichen mit dem, was wir modernen Menschen können.
Wie die Schimpansen benutzen wir 30 verschiedene
Laute. Aber anders als die Laute bei den Schimpansen, haben unsere Laute für sich allein genommen
noch keinerlei Bedeutung! Das Wesentliche ist nun,
dass wir diese Laute auf verschiedene Weise zusam-

mensetzen, um *Wörter* zu bilden. Die Wörter sind es, die etwas bedeuten können. Sage ich ›Tisch‹, hast du eine ziemlich genaue Vorstellung von dem, was ich meine. Aber nicht alle Wörter haben so eine klare Bedeutung. Sage ich zu dir nur das Wort ›Aber‹ oder das Wort ›Nicht‹, würdest du rätseln, was ich eigentlich sagen will. Stelle ich sie aber zu einem Satz zusammen, ergeben sie sofort einen Sinn. Tatsächlich sind es die *Sätze*, aus Wortreihen bestehend, die erst den Sinn ergeben.

Niemand weiß, wie unsere Vorfahren auf die glänzende Idee kamen, die Methode ›Bestimmter Laut = bestimmte Bedeutung‹ zu ersetzen, indem sie sinnlose Laute aneinander reihten, um dadurch etwas Sinnvolles auszudrücken. Egal, wie es vor sich ging, es war vermutlich das wichtigste Ereignis im Leben unserer Vorfahren. Sprechen macht den großen Unterschied zwischen uns Menschen und den anderen Tieren aus. Sprechen bedeutet, wir können voneinander lernen. Wenn Mama sagt: ›Komm nicht an die Pfanne, sie ist heiß!‹, zweifelst du nicht an ihren Worten. Du verbrennst dich nur deshalb nicht, weil du nicht selbst herausfinden musst, ob die Pfanne wirklich heiß ist. Und man kann nicht nur von Menschen lernen, denen man heute begegnet, man kann auch von solchen lernen, die man nie kennengelernt hat, genau genommen von Menschen, die längst tot sind! Wie? Durch Geschriebenes. Schreiben ist so etwas wie Sprechen mit Hilfe von Büchern – wie bei dem, das du gerade liest. Stell dir bloß vor, was du alles weißt. Dein Gedächtnis ist mit Informationen vollgestopft. Doch wie viel davon hast du tatsächlich allein herausbekommen? Sehr, sehr wenig. Die meisten Kenntnisse, die wir von der Welt haben, stammen aus zweiter Hand. Tausende und Abertausende anderer Menschen haben Dinge entdeckt und ihr Wissen an uns weitergegeben – durch Sprache. Wie gesagt, niemand weiß genau, wie das Sprechen erfunden wurde, doch es war ganz bestimmt eine hervorragende Idee!

Warum sind es ausgerechnet die Menschen, die über die Welt herrschen? Hoffentlich können Sie mir bei der Beantwortung dieser Frage helfen.

Hilary (11 Jahre)

Es beunruhigt mich immer ein wenig, Hilary, wenn jemand uns Menschen als ›Beherrscher der Welt‹ hinstellt. Mit solchen Bezeichnungen müssen wir etwas vorsichtiger umgehen, denke ich. Natürlich sind wir sehr mächtig. Das verdanken wir unserem Gehirn, unserer Fähigkeit zu sprechen und voneinander zu lernen. Das war das Geheimnis unseres Erfolges als entwickeltes Lebewesen.

Meine Sorge ist aber, dass Klugsein nicht das Gleiche ist wie Vernünftigsein. Du kennst vielleicht Leute in der Schule, die beispielsweise Klassenbeste sind und ihre Prüfungen in null Komma nichts hinlegen, die aber strohdumm sind, wenn es darum geht, was sie mit ihrem Leben anfangen sollen. So ist es eben mit uns Menschen. Wir besitzen diese wunderbare Intelligenz, doch sieh dich um, wie wir mit unserem Planeten umgehen. Schau, wie wir einander in Kriegen bekämpfen. Mit unserer ganzen Klugheit haben wir Atombomben erfunden und jetzt haben wir so viele gebaut, dass wir die Menschheit in wenigen Minuten vernichten könnten. Das ist klug, aber nicht vernünftig. Vielleicht sind wir zu klug, als dass unsere Klugheit sich zu unserem Wohl auswirken könnte.

Dinosaurier lebten 200 Millionen Jahre lang auf der

Erde. Wir modernen Menschen kamen vor läppischen 100 000 Jahren hierher. Ob es uns in 200 Millionen Jahren noch immer geben wird? Ich bezweifle es. Falls wir die ›Beherrscher der Welt‹ sind, so finde ich, standen die Dinosaurier in dieser Rolle besser da, zumindest herrschten sie länger, als wir das wahrscheinlich tun werden.

Geht es um eine Tierart, die sich mit großem Erfolg fortpflanzt, so ist festzustellen, dass es weit mehr Insekten gibt als Menschen. Und sucht man nach einer Art, die ihren Fortbestand über lange Zeiträume sichern konnte, so findet man keine erfolgreichere als Bakterien. Die gibt es schon seit 3 Milliarden Jahren und es existieren heute unterschiedlichere Arten von Bakterien als je zuvor. Und außerdem: Sollte es zu einem weltumspannenden Atomkrieg kommen, so wären die Überlebenden nicht die komplizierten Tiere wie wir – es wären die winzigen, primitiveren Bakterien. Vielleicht sollten wir in den Bakterien die wahren Beherrscher der Welt sehen; sie herrschten am Anfang und sie werden weiterbestehen, bis es kein Leben mehr auf der Erde gibt.

Ich will nicht etwa mit Bakterien tauschen! Nein, es ist gut, ein Mensch zu sein. Mit Hilfe unseres großen Gehirns können wir ein viel interessanteres Leben führen als jedes andere Tier. Doch es ist notwendig, dass wir behutsam sind.

Russell Stannard

»Was ist denn das?« rief Memory erstaunt. »Eine Denkblase. Weißt schon, Denkblasen, wie man sie aus Cartoons kennt.« »Sag mal«, fragte Memory, »wenn du nun an mich denkst, tauche ich dann in der Blase auf?« Onkel Albert überlegte. »Nehme ich an.« »Und wenn du dir denkst, ich wäre in einem Raumschiff...?« »Genau das war mir vorhin eingefallen. Du könntest in den Weltraum fliegen und versuchen, einen Lichtstrahl zu verfolgen.«

Band 80015

Band 80055

Band 80104

Band 80056

Band 80254

Fischer Schatzinsel

Bjarne Reuter

BUSTER, BUSTER, BUSTER

»Dieses Buch kann man so nicht empfehlen. Dieses Buch müßt Ihr Euch selber beschaffen. Die Eltern werden ihre Bedenken haben, und die Zuckerbäckertanten werden es nicht mögen, denn in diesem Buch geht es zu wie im richtigen Leben, bloß irrer, wüster, derber, lustiger, trauriger, knalliger und schöner.« Rudolf Herfurtner, im *Fundevogel*

Band 80019

Band 80072

Band 80071

Band 80236

Band 80220

Fischer Schatzinsel

fi 6026 / 2

Philip Ridley

»Wenn Dir ein Mädchen begegnet, das am weitesten spucken, am rotzigsten frech sein kann und glibbrige Monster jagt, oder Typen, die gar nicht aussehen wie Helden, aber das Zeug dazu haben, dann liest Du gerade eines der spannenden Bücher von Philip Ridley.«

Band 80028   Band 80063   Band 85003
                                        224 Seiten. Geb.

Fischer Schatzinsel

fi 6025 / 2